ANIMER UNE ÉQUIPE DANS LES P.M.E. AUJOURD'HUI

Qualité
et
Management des hommes

Collection Dynamiques d'Entreprises

ALTERSOHN Claude, *De la sous-traitance au partenariat industriel,* 1992.
LOQUET Patrick, *Sauver l'emploi et développer les compétences, le double enjeu de la gestion prévisionnelle des hommes et des emplois,* 1992.
SUMIKO HIRATA Héléna (ed.), *Autour du «modèle» japonais. Automatisation, nouvelles formes d'organisation et de relations au travail,* 1992.
GILBERT Patrick, GILLOT Claudine, *Le management des apparences. Incantations, pratiques magiques et management,* 1993.
REGNAULT Gérard, *Motiver le personnel dans les P.M.E., Approche pratique,*1993.
BREILLOT Jean-Marie, REINBOLD Marie-France, *Gérer la compétence dans l'entreprise*, 1993.
BEC Jacques, GRANIER François, SINGERY Jacky, *Le consultant et le changement dans la fonction publique*, 1993.
HUSSON Jean-Pierre, PEREZ Yves André, *L'Après 1993, Nouvelle donne sur l'échiquier industriel européen*, 1993.
GUIENNE-BOSSAVIT Véronique, *Etre consultant d'orientation psychosociologique*, 1994.
SPIELMANN Michel, *Ces hommes qu'on rachète, aspects humains des concentrations d'entreprises*, 1994.
BOUTILLIER Sophie, UZUNIDIS Dimitri, *Entrepreneurs et innovation en Grèce. L'entrepreneur révolutionnaire*, 1994.

Gérard REGNAULT

ANIMER UNE ÉQUIPE DANS LES P.M.E. AUJOURD'HUI

Qualité
et
Management des hommes

Editions L'Harmattan
5-7, rue de l'Ecole-Polytechnique
75005 Paris

ISBN : 2-7384-2945-9

A Marie-Claire,
Christine, Sylvie
et Noëlle.

Remerciements

Je remercie tout particulièrement les Directions des entreprises (P.M.E. en majorité) et les Responsables des Ressources Humaines que j'ai pu rencontrer depuis une quinzaine d'années. Les nombreux échanges et travaux que nous avons menés en commun constituent le fil conducteur du présent ouvrage.

*"La ressource humaine pertinente,
ce n'est pas une collection d'individus
mais une organisation, ou plutôt
un ensemble de relations organisées
avec une culture".*

Michel CROZIER

INTRODUCTION

La décennie des années 1980 a sans aucun doute été celle au cours de laquelle les entreprises françaises ont, plus qu'à toute autre époque, mis en avant la nécessité d'une évolution (presque d'une révolution) du rôle du personnel d'encadrement. L'aspect animation d'équipes, certes déjà présent antérieurement dans la fonction d'un cadre, devait alors devenir la priorité absolue pour tous responsables chargés de se transformer en véritables leaders enthousiates.

A la lumière de ce passé récent, des méthodes de management annoncées et parfois pratiquées dans certaines sociétés notamment depuis 1982, en s'appuyant également sur la situation de crise économique actuelle et sur l'état d'esprit des salariés, notre ouvrage va chercher à indiquer des pistes, à notre sens réalistes, en direction d'un "savoir-animer" adapté à notre époque et à la spécificité des petites et moyennes entreprises (P.M.E.).

Tout d'abord essayons de préciser cette notion de cadre dont chacun sait l'importance qu'elle revêt en France sur le plan du statut social particulièrement. Au niveau international, la définition suivante donnée par l'Organisation Internationale du Travail mérite d'être citée :

"Toute personne qui (première condition), a terminé un enseignement ou une formation professionnelle de niveau supérieur ou qui possède une expérience reconnue équivalente dans un domaine scientifique, technique ou administratif, et (seconde condition), toute personne qui exerce en qualité de salarié des fonctions à caractère intellectuel prédominant comportant l'application à un haut degré de facultés de jugement et d'initiative et impliquant un niveau relativement élevé de responsabilité.

"Cette notion englobe également toute personne qui détient par délégation de l'employeur et sous son autorité la responsabilité de prévoir, diriger, contrôler et coordonner les activités d'un parti, d'une entreprise ou d'une organisation avec le pouvoir de commandement correspondant."

En France, sont qualifiés au niveau «cadres» ceux dont la profession exercée est classée comme telle dans la convention collective.

Les conditions d'inscription à l'Association pour l'Emploi des Cadres (A.P.E.C.) constituent aussi une indication intéressante :

Rappel des conditions d'inscription à l'A.P.E.C.

Cadres confirmés

Cadres au titre des Articles 4 et 4 bis (et non au titre de l'Article 36) de la Convention Collective Nationale de Retraite et de Prévoyance des Cadres du 14 mars 1947, de nationalité française ou étrangère, cotisant à une caisse de retraite Cadre AGIRC ou ayant cotisé à l'APEC au cours de leur carrière.

Catégories particulières de cadres confirmés inscriptibles.

- Cadres du secteur bancaire (classe V et au-dessus).
- Cadres inscrits à l'APECITA.
- Officiers et sous-officiers des 3 armes (Bac + 4) ou formation militaire équivalente.

Cadres débutants (de nationalité française)

- Pour les Universitaires : être titulaire d'un diplôme français de maîtrise (et au-delà).
- Pour les Ingénieurs : être titulaire d'un diplôme agréé par la Commission des Titres.
- Pour les Ecoles de Commerce et de Gestion : être titulaire d'un diplôme reconnu par le Ministère français de l'Education Nationale (Bac + 4).
- Pour les autres Ecoles : être titulaire d'un diplôme reconnu par l'Etat homologué au niveau 1 (formation maîtrise et au-dessus) consacrant une formation donnée par un organisme extérieur à l'Education Nationale.

Quel que soit son âge, le demandeur doit avoir, lors de son inscription, obtenu son diplôme depuis moins d'un an, délai augmenté de la durée :

- du service national français.
- d'un contrat au titre de la coopération.
- d'études à l'étranger, attestées par un justificatif de suivi d'études.

Il convient d'insister ici sur le fait que le statut de cadre est directement lié aux responsabilités effectivement assumées et qu'en ce qui concerne par exemple les jeunes diplômés, il n'y a pas une relation automatique entre le diplôme possédé et l'octroi du statut, comme l'indique le tableau suivant :

STATUT CADRE
Comment l'avez-vous obtenu?

(en %)	1er emploi	en changeant	par promotion
Secondaire	1	21	76
Bac.	6	25	68
Bac.+2	9	30	60
Licence,maîtrise	39	27	33
Doctorat	67	19	13
Ecole commerce	49	20	31
Ecole ingénieurs	79	7	14
ENSEMBLE	29	23	47

Enquête 1990: panel cadres représentatif quotas BVA

idé

Source: APEC-BVA

Un sur trois obtient son statut dès son premier emploi. Dans ce domaine, les diplômes sont des sésames diversement appréciés des employeurs. Mais aucun ne garantit absolument le statut de cadre : il n'y a automatisme, par exemple, que pour 79 % des ingénieurs et pour 67 % des docteurs ! L'âge moyen d'obtention du statut se situe entre 25 et 30 ans.

En réalité, le statut "Cadres débutants" accordé aux jeunes diplômés par l'A.P.E.C. l'est à titre dérogatoire et il n'engage en rien l'employeur futur.

Il apparaît intéressant de relever aussi l'importance relative des cadres par rapport à l'ensemble des salariés et les données suivantes sont significatives à cet égard :

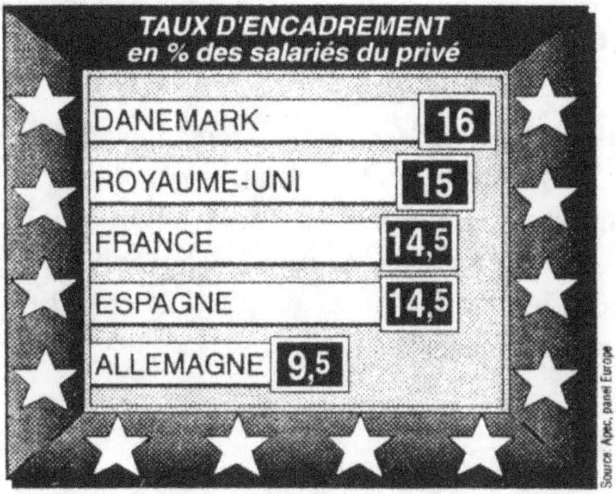

La CEE compte plus de 8 millions de cadres, soit un taux d'encadrement moyen de 12,5 %. L'Allemagne occidentale, du fait de sa forte industrialisation, présente le plus faible taux : 9,5 %. En France, 42 % de l'encadrement se concentre dans les services, contre une moyenne communautaire de 32 %. Ce qui explique le fort taux hexagonal : 14,5 %. Au Danemark et au Royaume-Uni, la part des cadres s'équilibre entre services et industrie (30 % chacun).

En France, le nombre de cadres avoisine les 2,5 millions.

Traitant globalement de l'animation d'équipes, notre ouvrage concerne toutes les personnes chargées d'une fonction d'encadrement, leur statut formel n'étant pas forcément celui d'ingénieurs ou de cadres ; il peut s'agir aussi de certains agents de maîtrise, techniciens ou employés. Ainsi envisagé, le nombre global de salariés assumant un rôle d'encadrement est de l'ordre de 4 millions en France actuellement, toutes tailles d'entreprises confondues.

Si le contenu de ce livre peut intéresser les catégories socio-professionnelles que nous venons de préciser indépendamment de l'importance de l'effectif des salariés employés par l'entreprise, nous ajoutons qu'il vise spécialement les responsables des P.M.E. aux différents échelons hiérarchiques.

CHAPITRE 1

Le désenchantement actuel des salariés

Alors que les années 80 avaient fait naître beaucoup d'espoir parmi les salariés, toutes catégories socio-professionnelles confondues, nous connaissons depuis au moins trois ou quatre ans un véritablement retournement de situation ; l'appréciation d'une proportion importante d'entre eux concernant les méthodes de management employées par leurs entreprises de toutes tailles et de tous secteurs est désormais devenue fréquemment négative.

A la même période que celle au cours de laquelle le nouveau Premier Ministre déclarait au journal "Le Monde", le 18 mai 1993 :

«Les entreprises qui réussissent sont celles qui parviennent le mieux à susciter l'adhésion de tous ceux qui y travaillent...»,

une enquête de la Sofres faisait apparaître l'ampleur du désarroi :

- 42 % des salariés, 53 % dans les entreprises publiques, estiment que leur situation se dégrade. Ils n'étaient que 18 % trois ans auparavant.

- 40 % déplorent que leurs mérites et efforts ne soient ni reconnus, ni récompensés. 23 % seulement partageaient ce sentiment en 1989.
- 31 % seulement ont le sentiment de faire entendre leur voix, soit deux fois moins qu'en 1989.

Après une période (les années 80) pendant laquelle beaucoup d'entreprises ont mis en avant des méthodes de management qui paraissaient intéressantes, sans toujours les mettre en œuvre d'ailleurs, les discours sur le management participatif, les projets d'entreprise, les cercles de qualité et autres moyens tant évoqués, sont de moins en moins crédibles aujourd'hui. La crise économique avec ses cortèges de restructurations et licenciements, les évolutions souvent brutales des modes de fonctionnement des entreprises, les politiques des sociétés à moyen ou long terme parfois absentes et en tous cas souvent inconnues du personnel, le manque d'écoute, de dialogue... tout cela explique pour une grande part le malaise qui sévit parmi les salariés encore aujourd'hui. Le journal "Le Monde" du 2 mars 1994, dans un long et intéressant article intitulé «Savoir-vivre», indique que le face-à-face avec son chef de service se résume souvent à un rapport de force et qu'au moins huit personnes sur dix se plaignent de leurs relations avec leur supérieur hiérarchique.

Pourquoi connaissons-nous ces conditions de relations au travail alors que depuis plus d'une dizaine d'années on entend parler de concertation, de participation, d'équipes,... ? "Le Monde" précise que les managers, formés à l'école taylorienne, restent imbus de pouvoir arbitraire et qu'autoritarisme, infantilisation et négation de l'autre sont toujours au cœur de leurs pratiques comme de celles de leurs émules. Notre expérience des entreprises, celle de conseil et de formateur depuis une vingtaine d'années, nous conduit à partager globalement ce point de vue et nous ne pouvons qu'insister sur le besoin urgent d'un développement des formations au management moderne et aux relations humaines dans le cursus des Universités et Grandes Ecoles en tous genres, plus spécialement celles à orientations scientifiques et techniques qui favorisent généralement un raisonnement fondé sur la logique binaire et préparent encore aujourd'hui le plus souvent insuffisamment leurs étudiants à la complexité des rapports humains. Nous déplorons l'effet de mode apparu dans les années 80 au sein de certaines Ecoles, à savoir qu'elles se sont senties obligées d'organiser quelques cours ou conférences, la plupart du temps optionnels, sans véritablement ressentir cette nécessité d'intégrer dans leurs programmes une formation aux méthodes et outils de base de la gestion des hommes. L'enquête Sup'Ingénieur 93 menée pour l'Ecole Nationale Supérieure des Techniques Avancées (ENSTA) auprès de 200 employeurs confirme ce besoin de formation initiale complémentaire au sein de nombreux établissements. La formation permanente des cadres confirmés est également concernée.

Comme le déclarait Muriel HUMBERTJEAN, Directeur de Sofres Ressources Humaines, en commentant les résultats de l'enquête réalisée par son institut en 1993 :

«Sur le fond, les salariés comprennent les raisons des évolutions ou sont prêts à les comprendre, mais ils demandent avant tout que leurs directions les écoutent...».

Transparence dans la communication, clarté et pérennité des règles du jeu, cohérence entre le discours et la pratique, telles sont les exigences à prendre absolument en compte par les entreprises, non pas seulement par générosité ni par altruisme, mais tout simplement parce que la capacité à vivre et travailler avec l'autre est directement liée à la performance. Les énergies doivent au maximum se polariser sur les clients et non sur les rivalités de personnes si l'on veut que le rendement au travail, la créativité et en définitive la satisfaction des employeurs, des employés et des acheteurs soit présente.

Comment qualifier également les méthodes employées dans certaines entreprises à l'occasion de procédures de licenciements faisant preuve parfois du plus grand désintérêt à l'égard des personnes «naufragées» et suivies d'une incapacité à remobiliser les «rescapés» ? Aucun salarié ne croit plus aujourd'hui à la garantie de l'emploi à vie mais sans doute chacun espère encore être traité avec un minimum de dignité. Si en apparence les salariés «restants» ne manifestent la plupart du temps aucune inquiétude par peur, il ne fait pas de doute que la motivation est en baisse et que la concentration sur la tâche et le souci du client s'en trouvent diminués. Les slogans souvent utilisés dans la communication externe des entreprises, même répétés, ne peuvent durablement pallier l'insuffisance des conditions internes de fonctionnement : la publicité faite ne remplace pas la réalité vécue, avec ses incidences dans les relations avec l'extérieur, c'est-à-dire la mise en doute du sérieux de l'organisation au moment où les carences apparaissent forcément au grand jour.

CHAPITRE 2

Ethique et management

Dans ce contexte de crise économique favorisant, semble-t-il, le retour à des pratiques que l'on croyait du passé, il nous apparaît tout à fait important de rappeler ici que l'entreprise n'a pas le droit de se dispenser d'intégrer une dimension éthique dans son management.

Au-delà des discours, chartes, projets et toutes autres formes de communication utilisées par bon nombre d'entreprises malheureusement avant tout en direction de l'extérieur (clients et fournisseurs sont visés, en particulier), il convient que les Directions Générales soient absolument convaincues qu'efficacité économique et respect des salariés non seulement ne sont pas antinomiques mais au contraire directement associés ; le succès d'une société dépend en effet très largement de la compétence, de la capacité d'adaptation et de la motivation de ses collaborateurs à tous les niveaux.

Un comportement et des règles de conduite connus par tous doivent faire l'objet d'une attention particulière au sein de tout groupe de travail. Chaque responsable a des obligations à l'égard du personnel qu'il encadre et les abus de pouvoir, la plupart du temps connus de la hiérarchie supérieure, ne doivent pas être tolérés ; il s'agit d'une conception de l'homme au travail qui ne saurait être transgressée par quiconque et cela à tous les échelons de l'organigramme. L'activité d'encadrement nécessite avant tout, ne l'oublions jamais, la capacité à entraîner les hommes autour d'objectifs clairement définis, des facultés de délégation, de valorisation et de responsabilisation des personnes de l'équipe qui doivent, bien entendu, être appréciées à leur juste niveau (il n'est évidemment pas interdit de sanctionner, si nécessaire). Chaque collaborateur doit quant à lui, dans ce cadre entrepreneurial favorable, apporter à l'entreprise (son entreprise) le meilleur de lui-même, en échange de quoi il est en droit d'attendre la reconnaissance de sa contribution, des possibilités d'évolution (autant que possible) et de formation continue, des conditions de vie au travail satisfaisantes, une rémunération juste, une information sur la vie et les objectifs de la société où il travaille, une concertation notamment sur les sujets qui le concernent directement,...

Respect des personnes par chacun, franchise, honnêteté, esprit d'équipe, confiance, voilà le système de valeurs sur lequel doit se fonder aujourd'hui le management de toute société convenablement dirigée. Naturellement, les valeurs sont plus faciles à écrire qu'à vivre mais l'exemplarité représente sans aucun doute l'une des premières qualités à posséder par le personnel d'encadrement ; à travers ses actions quotidiennes, il lui revient l'obligation d'initier, de développer, de diffuser et faire partager cet état d'esprit sans lequel l'entreprise n'est qu'un lieu de regroupement de personnes narcissiques, se désintéressant du corps social et, selon nous, incapables d'assurer une réussite durable en période difficile comme c'est le cas actuellement.

CHAPITRE 3

Les diverses missions du personnel d'encadrement

Que la fonction de leader est complexe et polyvalente ! On lui demande tout à la fois : exemplarité (ce que le «patron» fait, les autres doivent le faire), charisme, imagination, compétences de gestionnaire et d'organisateur, capacités de visionnaire ambitieux et réaliste,... Cela étant, un dénominateur commun, un critère fondamental, apparaît au centre de la plupart des rôles que doit assumer le personnel d'encadrement : l'aptitude à comprendre son propre comportement et celui des autres, la faculté de communiquer avec autrui, de s'adapter à la personnalité et au niveau de chacun. La clé de la réussite à un poste d'encadrement réside avant tout, il est banal de le rappeler, dans la capacité à créer des relations satisfaisantes et efficaces avec ses collaborateurs. Les problèmes d'une entreprise ne peuvent être résolus à travers la découverte de coupables mais en imaginant des solutions, la plupart du temps après concertation et dialogue ; certes il est parfois nécessaire et inévitable de sanctionner un salarié mais cela ne peut être qu'un ultime recours, les questions auxquelles il faut trouver réponse demeurant dans tous les cas les suivantes : «Que faire pour progresser ?» et «Qui le fait ?».

La fonction de manager, de leader d'équipe, est tout à fait fondamentale pour la réussite de l'entreprise commune : chacun doit réussir au sein d'une équipe gagnante, l'ensemble des équipes et leur complémentarité dans l'action garantissant le succès général.

Quelles sont donc les principales missions à exercer par toute personne en charge d'un groupe de travail ?

- Une mission de recrutement chaque fois que le besoin s'en fait sentir même si, dans certains cas, l'essentiel du travail (présélection, premiers entretiens,...) peut être confié à un spécialiste interne ou externe à l'entreprise.
- L'accueil des nouveaux au sein du groupe que l'on anime (ces nouveaux peuvent arriver de l'extérieur de l'entreprise ou d'un autre service).
- Un travail incessant de communication avec chaque membre de l'équipe qui a besoin d'être reconnu et apprécié, de recevoir et de donner des informations utiles, qui sollicite ou doit être mis en possession d'un conseil pour bien exécuter une tâche,...
- La conduite des entretiens périodiques (une ou deux fois par an) avec chaque collaborateur afin de faire le point général concernant aussi bien les étendues et limites des fonctions de chacun, les résultats obtenus comparés aux objectifs fixés précédemment, les difficultés et réussites rencontrées, la nouvelle organisation à prévoir, les nouveaux moyens à mettre en œuvre, les objectifs à atteindre tant au niveau de l'équipe qu'au niveau individuel, la rémunération.
- Le rôle de conseil en formation (le responsable hiérarchique peut être épaulé par un spécialiste interne ou externe, le cas échéant) et parfois de véritable formateur, chaque responsable d'encadrement

devant dans tous les cas aider chacun à identifier ses propres besoins de renforcement de compétences et, parfois, animer en totalité ou partie une action de formation.

- L'animation ou la participation à des réunions de diverses natures : réunions régulières de l'équipe bien entendu, d'un groupe de projet rassemblant parfois des salariés de différents services et de niveaux hiérarchiques variables, réunions avec des représentants du personnel,...
- Comment ne pas souligner encore ici la nécessaire capacité de motivation que doit insuffler tout responsable en permanence à chaque membre de son groupe. Le responsable doit d'abord être lui-même motivé, sa force d'entraînement développant chez les autres également cet esprit de succès de plus en plus nécessaire dans les entreprises aujourd'hui.

A la lecture de ces multiples missions à accomplir apparaît clairement l'exigence d'une grande aisance dans les relations interpersonnelles pour celui qui encadre une équipe (1).

Lorsque l'on interroge le personnel d'encadrement sur son emploi du temps, il apparaît dans la majorité des cas qu'il consacre entre 50 et 70 % de ses heures au travail à communiquer. Le «savoir-communiquer» représente donc,

---

(1) L'étude de la méthodologie et des outils pratiques à mettre en œuvre afin d'assumer les missions opérationnelles énumérées dans ce chapitre est faite dans l'ouvrage suivant :
REGNAULT G., *"Motiver le personnel dans les P.M.E. Approche pratique"*, Editions L'Harmattan, 1993.

à l'évidence, l'une des premières qualités à posséder par tout responsable d'équipe et nous savons tous les problèmes que nous rencontrons ici ou là dans la communication avec une tierce personne ; la communication dont tout le monde parle dans les entreprises et ailleurs rencontre en réalité d'innombrables difficultés aussi bien dans le sens de la transmission d'un message que dans sa réception.

- *«Cette réunion a véritablement été insupportable, on n'a même pas pu faire connaître notre point de vue»*, peut-on entendre fréquemment à l'issue d'une rencontre avec le supérieur hiérarchique;
- *«On m'a demandé mon avis mais je me demande bien pourquoi puisqu'on n'en tient pratiquement jamais compte»*, exprimera tel salarié après un entretien;
- *«Responsabilisation de chacun, délégation des pouvoirs, respect des hommes,... on se moque vraiment de nous puisqu'au quotidien on nous méprise»*, entend-t-on parfois (souvent ?) dans les jours et semaines qui suivent la réunion annuelle du personnel avec la Direction Générale.

Du côté des Directions, on a également parfois le sentiment de ne pas avoir été compris après, par exemple, une réduction des effectifs :

«Ils m'ont l'air presque tous abattus et démobilisés», nous disait récemment un responsable de P.M.E. qui avait supprimé trois des quarante-huit emplois de sa société, en parlant des salariés restants, tout en précisant que ce nombre ne représentait finalement qu'à peine plus de 5 % de l'effectif.

«Avez-vous présenté les raisons qui vous ont conduit à ces licenciements à l'ensemble de votre personnel et, autre point essentiel selon nous, avez-vous exposé un projet, une stratégie pour le présent et l'avenir de manière à rassurer les restants ?» avons-nous demandé à ce chef d'entreprise qui nous a simplement et fermement répondu qu'il avait autre chose à faire pour le moment sans toutefois en préciser plus.

L'égoïsme, le mépris des subordonnés, voire dans certains cas le manque de courage dans les rapports avec eux, réduisent fortement la légitimité de nombreux responsables. Tous, heureusement, ne souffrent pas aussi intensément de ce culte de soi ou, d'une certaine façon, de cette peur des autres dont nous venons de parler. Certains responsables éprouvent même un souci incontestable de la communication sans toutefois toujours obtenir des résultats satisfaisants.

«Le pouvoir isole d'une certaine manière et je reconnais volontiers qu'il ne me semble pas certain de pouvoir facilement dialoguer avec mes subordonnés», nous confiait encore dernièrement un chef d'entreprise employant à peine plus de deux cents personnes et qui, manifestement, déplorait cette situation.

Alors, que faire ? Doit-on se résigner, chacun à son niveau ? N'existe-t-il aucun moyen de faire évoluer ces difficultés de communication ?

Ce n'est pas notre opinion et même si nous sommes conscients de la complexité de la question posée, nous pensons que les échanges sociaux, les comportements humains dans l'entreprise (ailleurs aussi du reste), ne sont pas condamnés à ce niveau d'insuffisance. Mieux comprendre son comportement et celui de ses partenaires, tel est d'abord ce vers quoi doit s'orienter chacun de nous. Certes, nous diront certains mais cela concerne les spécialistes et puis toutes ces questions sont bien trop compliquées. En réalité, ce point de vue s'avère plutôt faux dans la mesure où depuis une vingtaine d'années il est possible de connaître à ce sujet une théorie et une pratique très intéressante, faite de concepts assez simples et recouvrant des réalités connues par tous ; son seul défaut peut-être réside dans le nom un peu barbare qu'on lui a donné : analyse transactionnelle.

CHAPITRE 4

Mieux se connaître et comprendre les autres

Nous sommes fondamentalement persuadés que la majorité des problèmes de relations et par voie de conséquence, de fonctionnement dans les entreprises a pour cause principale l'incapacité du plus grand nombre de personnes à comprendre leur personnalité et celle d'autrui. Or, nous l'avons déjà indiqué dans le chapitre précédent, la qualité première à posséder par chaque responsable en charge d'une équipe est celle qui lui permet de bien communiquer.

Chacun de nous est particulier, possède une personnalité propre et il est évident qu'il peut nous paraître plus ou moins facile de travailler, d'échanger des points de vue, avec telle personne plutôt qu'avec telle autre. Le responsable hiérarchique n'échappe pas à cette règle lui qui, impérativement, doit être capable d'animer son équipe, c'est-à-dire finalement, chacun des membres du groupe de travail dont il a la charge. Tâche insurmontable ? Difficile certes mais pas impossible si l'on a le souci, voire l'obsession de la réussite individuelle et collective. N'oublions pas non plus que tout responsable participe et en définitive choisit chaque membre de son équipe à l'occasion d'un recrutement et ce point est capital dans la perspective d'une relation positive possible dans le quotidien qui va suivre.

- Qui suis-je ? Quels sont mes points forts ? Mes points faibles ? dans les relations avec d'autres personnes.
- Quelle est la personnalité de mon interlocuteur ? A quel niveau de connaissance se situe-t-il sur tel sujet à aborder avec lui ? Quel langage utiliser avec lui ?

Selon nous, le responsable a un impératif de maîtrise des connaissances concernant les personnes et il doit admettre la nécessité de s'adapter à des styles de personnalités divers et parfois très différents les uns des autres.

Comment mieux se connaître et connaître la personnalité des autres ?

Eric BERNE, à partir de l'observation qu'il a pu faire de ses patients en tant que psychiatre, nous a livré une approche très pragmatique et utilisable par tout un chacun. De quoi s'agit-il ?

Le concept fondamental mis à jour par ce médecin américain né à Montréal et décédé en 1970 réside dans le schéma de la structure de toute personnalité qu'il a pu établir. Chaque personne est en réalité constituée de **trois personnages, appelés "états du Moi"** qui correspondent à des systèmes de pensées et de sentiments qui se manifestent à travers des comportements tout à fait observables, l'inconscient n'entrant pas en ligne de compte. Ces trois états sont les suivants :

- L'état du Moi "Enfant", le premier à se manifester dans le temps et qui continue à exister tout au long d'une vie.
- L'état du Moi "Parent" qui prend naissance très tôt également et peut évoluer dans le temps.
- L'état du Moi "Adulte" qui est généralement le dernier à apparaître et peut continuer à se développer très tard dans la vie.

En chaque individu cohabitent donc ces trois types d'états étant entendu que leur importance relative peut énormément varier d'une personne à l'autre. Seuls sont exclus de ce schéma les cas pathologiques graves.

Cette approche simple qui a finalement été reconnue très progressivement dans le monde entier nous paraît d'un intérêt capital pour expliquer les relations dans l'entreprise et permettre une évolution, notamment si les responsables en ont la volonté.

Avant même d'entrer plus dans le détail de ces états du moi, il convient d'indiquer dès maintenant les généralités relatives à chacun d'entre eux :

- Qu'est-ce que l'état du Moi "Enfant" toujours présent en chacun de nous, quel que soit son âge ?
  C'est l'état qui s'extériorise par la joie ou la colère, la rebellion ou la soumission et prend sa source dans l'affectivité des personnes.

- Et l'état "Parent" ?
  C'est l'état fondé sur ce que nos parents ou ceux qui en ont assuré la fonction nous ont transmis comme informations concernant le système de valeurs à appliquer au cours de sa vie.

- Quant à l'état du Moi "Adulte", c'est celui qui permet le raisonnement, l'organisation, la prévision. Le rapport avec le monde est vu sous un angle réaliste et à travers lui on a la capacité d'adaptation pour affronter le maximum de situations.

Pour bien comprendre l'importance et la manière de se manifester de chacun de ces états, il s'avère indispensable d'en étudier l'origine et l'évolution. Pour ce faire, nous respecterons ci-après la chronologie relative à leur apparition.

L'état Enfant tout d'abord puisqu'il s'agit de la situation dans laquelle nous nous trouvons complètement et uniquement plongés dès notre naissance. Nous vivons en effet au cours des premiers mois, voire même pendant un an et demi à deux ans, exclusivement en Enfant Libre ou Naturel : cris, rires, pleurs, repas, sommeil,... tous les sentiments et besoins éprouvés se trouvent exprimés sans retenue, sans calcul ; nos réactions aux choses et aux gens sont immédiates et spontanées ; l'authenticité et l'affectivité sont les caractéristiques majeures de ce premier Etat que nous connaissons normalement tous. Plus tard, même après des décennies, cet état continue à vivre mais en coexistence avec d'autres ; en effet, l'approche d'Eric BERNE nous enseigne que tout au long de notre vie nous subissons en permanence l'influence observable de notre passé, de nos états qui se succèdent et finissent assez tôt par vivre côte-à-côte. Regardons par exemple ce jeune de dix-huit ans qui vient d'obtenir son baccalauréat ; il rit, saute de joie, crie, comme lorsqu'à un an il venait d'être nourri et en était tout à fait satisfait. Et cette personne plus âgée qui vient de perdre un proche, observons-la : les yeux mouillés, le regard triste, sans voix, en sanglots, elle ressemble beaucoup à cet enfant qu'elle a été et que l'on obligeait à faire quelque chose qui lui déplaisait beaucoup. A l'âge qualifié d'adulte, nous continuons à être parfois dans l'état originel d'Enfant. Beaucoup de spécialistes constatent même que l'état du Moi le plus présent chez de nombreuses personnes d'âges différents demeure l'état Enfant. Dans le monde des chefs d'entreprise, H. MINTZBERG a observé dès 1976 sur un nombre important de dirigeants en Amérique du Nord la part très grande de l'affectivité dans leur personnalité. La distribution de l'énergie psychique (répartition entre les trois états du Moi) varie selon les individus mais, sauf cas particuliers rares, les trois états existent en chacun de nous tout au cours de notre existence.

Les premiers mois, la première ou les deux premières années de sa vie passées, l'Enfant Libre ou Naturel commence à prendre conscience de certaines réalités qui l'entourent et le concernent. Certes ce premier état du Moi d'Enfant Libre continue à exister mais en parallèle apparaît une deuxième forme de cet état Enfant qui permet en définitive de vivre avec les autres. L'environnement, les personnes de l'entourage supportent de plus en plus difficilement tous les caprices, toutes les libertés prises en permanence par ce petit enfant qui finalement doit s'adapter de temps à autre pour continuer à être accepté. L'Enfant Adapté commence à se former dans un espace de temps compris entre l'âge de un à deux ans jusqu'à environ cinq-six ans, moment après lequel il évoluera le plus souvent assez peu. Regardons cet enfant d'un an qui refuse de rentrer dans le petit parc à l'intérieur duquel ses parents veulent qu'il se trouve ; d'abord il laisse exprimer son Enfant Libre ou Naturel : cris, pleurs, piétinements,... puis, constatant la détermination de ses parents, il finit par se conformer à leurs exigences. L'Enfant Adapté Rebelle est celui que nous venons de décrire ; il s'adapte après avoir commencé par s'opposer aux demandes des autres, espérant d'abord qu'il va les faire céder. Un autre type d'Enfant Adapté peut exister, il s'agit de celui qui va se soumettre immédiatement aux attentes de son entourage, sa peur de mal faire et de décevoir dépassant tout autre sentiment. Le petit enfant, Enfant Adapté Soumis, rentrera dans son petit parc dès qu'on le lui demandera ; il pourra même extérioriser un sentiment de culpabilité, rougir par exemple. Observons maintenant ce salarié adulte à qui son supérieur hiérarchique va demander plus de travail, des résultats plus convaincants. Peut-être va-t-il d'abord réagir en s'opposant : *«C'est impossible, je travaille déjà un maximum et ne peux en faire plus...»* puis, après un délai plus ou moins long, percevant la fermeté de son interlocuteur, il finira par travailler plus et obtenir les meilleurs résultats demandés (dans l'hypothèse bien entendu où la remarque était fondée). Peut-être au contraire va-t-il immédiatement mettre à exécution ce que lui ordonne celui qui lui apparaît comme une figure parentale ; le cas échéant et d'une voix étouffée, il tentera même d'expliquer ce qu'il reconnaît être insuffisant dans son travail : *«C'est vrai, ces derniers temps je me suis senti un peu plus fatigué que d'habitude»*.

Les situations de travail dans lesquelles nous reconnaissons chez une personne d'âge avancé l'état du Moi "Enfant" sont nombreuses. Pour notre part, nous sommes volontiers enclins à considérer cet état comme le plus présent dans la personnalité de beaucoup de gens dans leur milieu professionnel. Est-ce une situation souhaitable ? Nous en doutons fortement car s'il est intéressant de se comporter parfois en Enfant, la responsabilité dans le travail de chacun exige, à notre sens, une plus grande part d'autres comportements.

Approximativement à la même période que celle au cours de laquelle se constitue l'Enfant Adapté, c'est-à-dire entre un à deux ans et cinq-six ans, commence à se former un autre état du Moi que l'on nomme "Parent". En effet, tout en s'adaptant à son environnement, pour l'essentiel sa famille d'abord et ensuite le milieu scolaire, le jeune enfant observe et enregistre les comportements, gestes, mots... utilisés par les personnes qui l'entourent ; des valeurs lui sont transmises par ceux qui s'occupent de lui : les parents dans un premier temps (ou ceux qui assurent ce rôle à leur place) puis progressivement d'autres hommes ou femmes plus grands que lui et qui représentent des modèles (frères ou sœurs plus âgés, enseignants...). Tous ces gens qui font autorité sur lui l'imprègnent des règles de la civilité en usage à l'intérieur du groupe social qu'ils constituent et, sans même le vouloir parfois, ils représentent l'exemple, l'archétype. En exigeant de lui qu'il joue à l'intérieur d'un petit parc placé dans une pièce de la maison, ses parents lui auront également transmis avec quel air (sourcils froncés, poings sur les hanches), quel ton, quels mots, on s'adresse à quelqu'un pour le faire obéir ; dans ce cas précis, on parlera de l'état "Parent Normatif ou Critique". Un autre type d'état Parent peut aussi exister, il s'agit de la situation dans laquelle se trouve par exemple une mère qui va fréquemmennt consoler, réconforter et à la limite surprotéger son enfant ; on parlera alors de l'état "Parent Nourricier ou Donnant". Dans l'entreprise, on rencontre fréquemment aussi des exemples de Parents Normatifs ou de Parents Nourriciers.

«Vous me terminerez ce travail avant midi et j'exige une présentation impeccable !» dira tel responsable de service d'un ton sec en s'adressant à sa secrétaire à laquelle on n'a pourtant jamais rien eu à reprocher.

«Je vous confie cette mission tout en sachant que malgré vos connaissances vous aurez sans doute besoin de mes conseils. Ne vous inquiétez pas, je suis toujours là pour vous aider et vous soutenir» communiquera tel chef d'entreprise paternaliste à l'un de ses subordonnés.

Entre des personnes de même niveau hiérarchique, ces deux types de "Parent" peuvent aussi apparaître et chacun d'entre nous connaît un collègue qui ne cesse d'indiquer ce qu'il faut faire ou éviter. Dans certains cas il est même possible de rencontrer des subordonnés qui, d'une certaine façon, jouent le rôle de Parent à l'égard de leur supérieur direct, par exemple en prodiguant régulièrement des conseils et mises en garde dans un domaine de compétences relativement étranger au responsable.

L'état "Parent" n'est pas forcément entièrement constitué dès l'âge de cinq ou six ans, il peut encore évoluer ensuite en fonction des circonstances et des personnes rencontrées. Malgré tout, en règle générale, l'essentiel de cet état connaît sa réalité quasi totale assez tôt dans la vie, une remise en cause du système de valeurs reçu dans les premières années étant à la fois plutôt assez rare et toujours difficile à prendre en charge.

Un peu après l'apparition des débuts des états "Enfant Adapté" et "Parent", commence à naître l'état "Adulte". Capable d'évolution à tout moment de la vie, l'état "Adulte" se forme néanmoins plus particulièrement entre trois-quatre et douze ou treize ans. En effet, tout en observant le monde qui l'entoure, le jeune enfant reçoit des informations diverses et nombreuses, s'adapte et progressivement aussi amorce un raisonnement. L'un pensera ceci : *«Dès que je pleure, maman me console, m'embrasse, me cajole ; il suffit donc que je verse des larmes pour être immédiatement dorloté»* ; l'autre fera la déduction suivante : *«Chaque fois que je fais un grand sourire à ma sœur, elle me donne un bonbon ; puisque j'aime beaucoup les bonbons, je vais sourire le plus possible quand je l'apercevrai»*. Ainsi s'établissent des logiques dans l'esprit de l'enfant qui ébauche assez tôt un rapport objectif avec le monde extérieur auquel il se trouve de plus en plus confronté. Bien sûr, les états du Moi "Enfant" et "Parent" vivent toujours avec ce nouvel état "Adulte" qui repose lui, le dernier apparu, non plus sur l'affectivité et la spontanéité ni sur l'exemple qui nous est donné par d'autres mais sur le traitement d'informations, sur la capacité à revenir sur une idée, à prévoir les effets des actions qu'on entreprend. Tandis que l'état "Enfant" laisse s'exprimer en chacun de nous les sentiments, que l'état "Parent" est celui qui manifeste le plus de certitudes, l'état "Adulte" se fonde sur plus de pragmatisme et d'aptitude au raisonnement. A la limite, quelqu'un doté d'un très fort état "Adulte" peut paraître ennuyeux parfois ; cela étant et quoiqu'il soit difficile d'indiquer des tendances générales relatives à l'importance des différents états chez l'homme, nous pouvons tout de même signaler ici que des études récentes présentent l'état "Adulte" comme étant de loin le moins apparent.

Au niveau des entreprises, nous déplorons d'ailleurs le fait que le système relationnel fonctionne trop fréquemment sur «un rituel inspiré de la cour de Louis XIV et de ses courtisans» pour reprendre une formule utilisée dans le journal «Le Monde» du 6 avril 1994. Qui ne connaît en effet ces réunions dites de concertation au cours desquelles le responsable hiérarchique-animateur se livre à un long monologue sans aucune place pour le dialogue pourtant tant annoncé au préalable ? Qui n'a rencontré certains salariés qui, vraisemblablement par peur, manifestent une complaisance malsaine à l'égard de leur hiérarchie ? En définitive, il serait sans doute souhaitable que l'état "Adulte" existe un peu plus dans la personnalité de nombreux individus et peut-être en premier lieu chez les responsables qui, nous le répétons encore, sont des exemples pour les salariés qu'ils emploient. A ce propos, il s'avère d'ailleurs intéressant de connaître les résultats d'une enquête réalisée en 1990 pour le compte du groupe COGEF ; 589 cadres dirigeants avaient été interrogés et, parmi d'autres, la question suivante et les divers pourcentages obtenus par chacune des huit réponses possibles sont particulièrement significatifs :

"Selon vous, un bon manager, c'est quelqu'un qui s'impose avant tout par :

- son salaire	0 %
- ses diplômes	0 %
- sa sympathie	1 %
- son autorité	4 %
- ses compétences techniques	8 %
- son expérience terrain	10 %
- son exemplarité	36 %
- son charisme	41 %"

Il ne fait par conséquent pas de doute, à la lumière des réponses obtenues, que les cadres dirigeants sont tout à fait conscients des impératifs de leur rôle ; à eux d'assumer leur fonction et d'insuffler aussi à leurs subordonnés le même esprit, les mêmes qualités à posséder : charisme et exemplarités avant tout.

DIAGRAMME DES ETATS DU MOI

- Le Parent Normatif juge, critique, censure, guide.
- Le Parent Nourricier réconforte, console, soutient, surprotège.

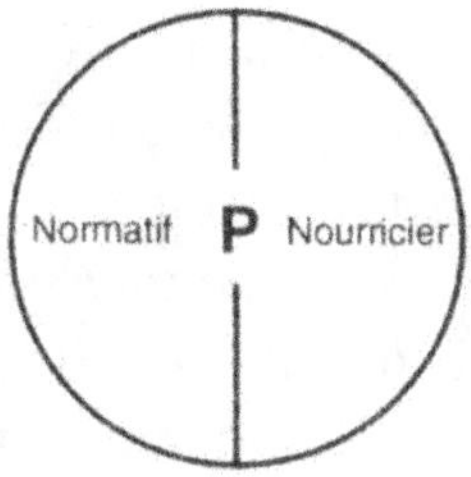

- Etat qui se forme, pour l'essentiel entre un à deux ans et cinq-six ans, à travers le système de valeurs transmis par l'entourage.
- Domaine particulièrement concerné : l'appris.

- L'Adulte analyse, réfléchit, prévoit, organise, s'informe.

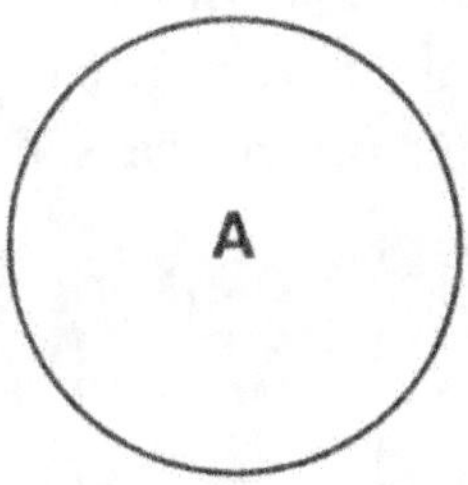

- Etat qui apparaît vers l'âge de trois ans et se développe fortement jusqu'à douze-treize ans. Se fondant sur le traitement des informations reçues, il est à même d'évoluer tout au long de la vie.
- Domaine particulièrement concerné : le pensé.

- L'Enfant Libre exprime sans retenue ses sentiments et exigences, sans s'occuper du milieu environnant.
- L'Enfant Adapté prend en compte les besoins des autres et s'adapte à son environnement.

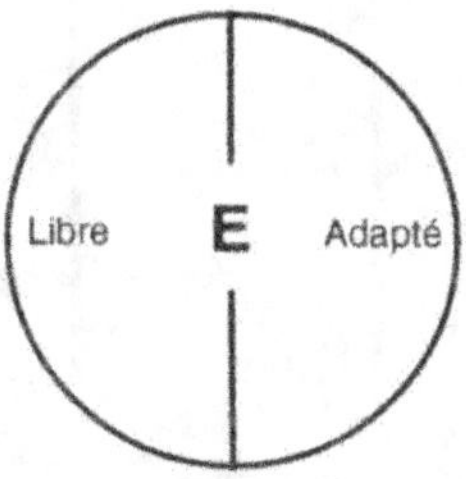

- Le premier Etat à apparaître puisqu'il se créé à la naissance. L'Etat Enfant se constitue surtout jusqu'à l'âge de cinq-six ans.
- Domaine particulièrement concerné : le senti.

Chacun peut analyser l'importance chez lui de chaque "Etat du Moi" dont nous venons de parler. En effet, John DUSAY a créé à cette fin un outil de visualisation qui porte le nom d'égogramme (1). Il s'agit en réalité d'un schéma faisant apparaître le pourcentage de chacun des états du Moi, pour une personne donnée, à un moment donné ; ce schéma est la résultante de réponses fournies par un individu à une série de questions estimées pouvoir livrer la photographie du «P.A.E.» de l'intéressé.

Toute personne, à une période de sa vie, offre un comportement général lié à l'influence plus ou moins grande de ses états du Moi respectifs. Ainsi peut-on qualifier d'essentiellement Adulte la personne dont l'égogramme qui, quoique présentant une part d'emprise des états du Moi "Enfant" et "Parent" dans sa personnalité, aura un assez fort coefficient "Adulte", comme le montre l'exemple ci-dessous :

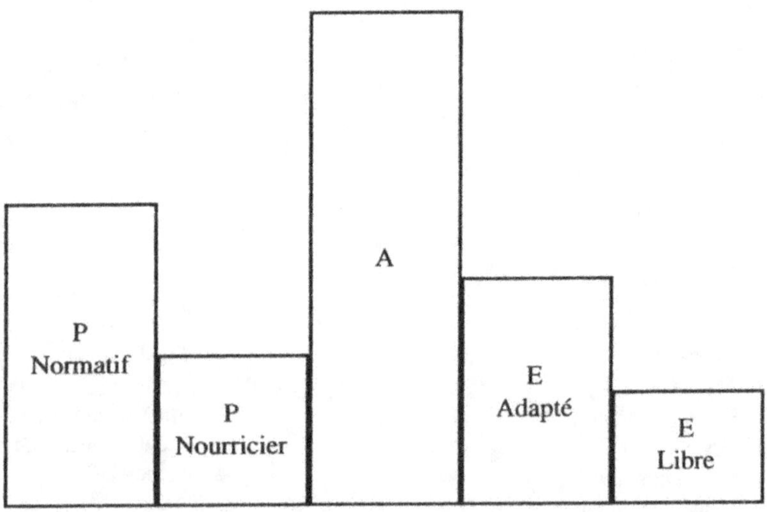

(1) DUSAY J., "Egograms", Dunod, 1977.

Cet égogramme est probablement celui que l'on peut souhaiter pour le maximum de gens occupant un poste à responsabilités. Le style d'encadrement des personnes présentant ce type de P.A.E. est efficace en prenant bien en compte les circonstances qui se présentent et les salariés avec leur diversité. Toutes les situations sont sérieusement étudiées avec la rapidité qu'impose les événements et chaque fois que l'objectivité conduit à penser que l'avis des subordonnés doit être demandé, la consultation est organisée en toute clarté et dans un esprit de recherche collective de progrès. L'engagement individuel des salariés du groupe est encouragé, apprécié, reconnu avec le souci de faire réussir l'ensemble de l'équipe. L'information est partagée au maximum. Tâches et responsabilités sont déléguées, le responsable assurant véritablement le rôle d'animateur qui fait confiance tout en n'évitant jamais ni son nécessaire engagement ni son pouvoir de décision et de contrôle. La compétence du personnel est entretenue en permanence, l'investissement dans la formation continue étant perçu comme bénéfique à la fois pour l'organisation et la personne.

Nous venons de décrire un comportement global à partir de l'égogramme lui aussi global ; il faut toutefois remarquer qu'un même individu peut présenter des égogrammes plus ou moins différents en fonction des divers contextes de vie possibles : l'égogramme familial peut par exemple présenter des écarts assez importants comparé à l'égogramme professionnel.

A partir de la connaissance de son égogramme, on peut faire évoluer son comportement et son mode de relation aux autres si l'on en a la volonté, bien entendu. A ce propos, il convient de remarquer qu'il se révèle la plupart du temps plus simple d'augmenter le poids d'un état du Moi déficient que de réduire celui d'un état très actif. L'aide d'un professionnel qualifié, analyste transactionnel compétent, ne peut qu'être recommandée pour accompagner un projet de changement. L'établissement périodique de son égogramme permet de suivre sa propre évolution dans le temps et il ne peut qu'être intéressant de le faire.

Le fait qu'un responsable présente un Parent Normatif relativement fort dans son P.A.E. ne nous paraît pas gênant dans la mesure toutefois où cet état du Moi se situe suffisamment en retrait de l'état Adulte. En effet, un Parent Normatif trop fort chez quelqu'un assumant une fonction d'encadrement le conduit à jouer un rôle en décalage aujourd'hui par rapport aux conditions qu'il doit créer dans une perspective de motivation, donc de performance de l'équipe. Tenant peu compte des réalités humaines, ne respectant que les normes quand bien même elles ne conduisent pas à l'efficacité, censeur peu stimulant, incapable de reconnaissance envers les autres, ce responsable que l'on rencontre encore souvent ne nous semble plus en phase avec les exigences actuelles tant économiques que sociales. Une équipe ne peut plus gagner actuellement sans à sa tête un "chef" motivé au cœur du groupe qu'il anime avec à la fois un esprit rationnel et intuitif, une écoute permanente, sans toutefois fuir la prise de décision qui finalement lui incombe en dernier ressort. La dimension arbitrale que confère le poste de cadre ou de dirigeant nécessite sans doute à la fois la possession de deux états du Moi plus forts que les autres : d'abord et surtout l'Adulte, nous l'avons déjà noté à plusieurs reprises et, dans une moindre mesure, le Parent Normatif qui sait faire appliquer un plan, des décisions, avec toutefois cette autorité naturelle, ce charisme, cette compétence professionnelle, qui fondent la légitimité de tout responsable actuellement (les caractériels encore trop fréquents causent des dommages importants).

Que le leader n'oublie en outre jamais qu'être sérieux c'est aussi savoir s'amuser, hors de l'entreprise la plupart du temps certes, mais de temps à autre à l'intérieur, au cœur de son équipe, en fêtant un bon résultat par exemple ; l'Enfant ne peut être complètement étouffé à l'intérieur d'une personnalité, le Parent Nourricier non plus d'ailleurs, à certains moments, quelles que soient les fonctions professionnelles occupées.

CHAPITRE 5

Les relations avec les autres

Chaque être humain éprouve le besoin d'entrer en relation avec son environnement dès son plus jeune âge d'une façon plus ou moins intense. On imagine en effet mal la vie d'une personne se déroulant sans contact ni échange avec d'autres si ce n'est qu'à certains moments et pour un laps de temps relativement court. Des faits facilement observables nous prouvent d'ailleurs qu'un individu normalement constitué a le plus grand mal à rester coupé des autres au-delà de quelques mois ; qui ne se souvient pas par exemple du regard et de l'émotion d'un grand navigateur solitaire, au terme d'un exploit, à l'instant où il retrouve la terre ferme et des gens venus l'accueillir ? Un certain temps (une, voire plusieurs semaines) lui est même encore nécessaire après son retour afin de se réadapter à une vie sociale qualifiée par lui-même de normale parce que faite de rapports avec les autres et d'un **besoin de stimulations** réciproque entre personnes qui peut à nouveau être satisfait. On peut également observer l'écart que présente l'épanouissement de la personnalité de tel enfant jeune, non seulement bien nourri mais aussi accepté et reconnu par son entourage, par rapport à l'agressivité de tel autre placé dans des conditions peu satisfaisantes au niveau social (on lui fournit nourriture et hébergement mais pas d'amour ni d'autres signes de reconnaissance). En réalité, les trois états du Moi qui constituent la base même de la personnalité de chacun d'entre nous ont globalement une fonction, celle d'entrer en relation avec le monde. **Les signes de reconnaissance** entre personnes peuvent se manifester de différentes façons, sous une forme verbale ou non, et selon un mode de fonctionnement s'appuyant sur les capacités spécifiques à chaque individu ; tel être humain a manifestement plus de facilité à donner qu'à demander un signe de reconnaissance, un autre reçoit ou au contraire refuse facilement un signe et n'oublions pas en outre la capacité que nous avons également à nous donner à nous-même un minimum de signes de reconnaissance. Chaque individu a plus ou moins besoin d'une dose de signes de reconnaissance sinon quotidien pour le moins fréquent et l'expérience montre que chacun ne donne habituellement que ce qu'il a reçu, un croc-en-jambe pour l'un ou un sourire pour l'autre. L'indifférence est insupportable à toute personne normalement constituée et, à la limite, recevoir un signe de reconnaissance négatif vaut mieux que rien. Il existe principalement quatre sortes de signes de reconnaissance qui peuvent être donnés ou reçus (certains utilisent le mot anglais "stroke" pour désigner ces signes ; d'autres le mot "caresses", moins significatif au premier degré, dans la mesure où un signe de reconnaissance peut ne pas être une caresse agréable à recevoir mais une brutalité).

Prenons quelques exemples dans la vie professionnelle afin d'expliciter chacun des quatre types de signes de reconnaissance fondamentaux :

- Imaginons tout d'abord un responsable qui dirait à l'un de ses subordonnés : *«Je n'ai qu'à vous féliciter pour l'ensemble de votre travail et je tiens à vous dire que vous avez toute ma confiance quoi qu'il puisse arriver dans le futur»*. On se trouve là dans le cas du stroke le plus valorisant et le plus inconditionnel possible ; même pour l'avenir le responsable s'engage déjà dans un sens positif (est-ce d'ailleurs possible ou souhaitable ? Sûrement pas.). Dans ce cas on parle de stroke positif inconditionnel.

- Autre situation envisageable, celle dans laquelle nous pouvons nous trouver lorsqu'un responsable subordonne l'octroi d'un stroke positif à une condition à remplir ; par exemple, l'attaché commercial s'entend dire ceci : *«Si vous réussissez à augmenter le chiffre d'affaires de votre secteur de 10 % cette année, j'en tiendrai compte au moment de la révision des rémunérations»*. Sans doute plus fréquent et plus réaliste au niveau professionnel que le cas précédent, ce deuxième type de signe de reconnaissance est appelé stroke positif conditionnel.

- Un troisième responsable, le chef des services généraux, fait la remarque suivante à la standardiste de l'entreprise : *«Je ne peux être satisfait de vos services alors qu'entre autres choses certains se plaignent de votre accueil téléphonique»*. Cette critique est de fait l'expression d'un stroke négatif conditionnel ; à travers elle, la standardiste apprend certes ce qu'elle ne doit pas faire (un accueil téléphonique insatisfaisant) mais, dans le même temps, elle ne sait pas exactement ce qu'elle doit réaliser pour satisfaire entièrement son supérieur hiérarchique. Ce cas, assez voisin du précédent au premier abord, s'en trouve en fait éloigné dans la mesure où l'attaché commercial a, pour sa part, clairement connaissance de ce qu'il faut faire pour obtenir une augmentation de salaire.

- La quatrième sorte de signes de reconnaissance dont nous voulons faire état se trouve exprimée dans l'observation qui suit et qui peut être formulée également par un responsable d'équipe à l'adresse d'un salarié subordonné : *«Je n'attends rien de bon de vous et en conséquence je ne peux vous conserver dans mon service»*. En l'occurrence, on parle de stroke négatif inconditionnel puisqu'au fond le «chef», tout en reconnaissant l'existence du salarié, est conduit, d'une certaine manière, à ne pas vouloir l'admettre. Nous sommes là en présence du cas ultime puisque plus rien ne peut faire accepter une personne par une autre.

Les signes de reconnaissance reçus et donnés sont très importants pour un individu, quel que soit son âge. Ils sont d'abord exprimés essentiellement sous une forme physique au niveau d'un petit enfant, plus tard s'y ajoutent des expressions psychologiques à travers des messages verbaux ou autres (gestes, visage...) et aussi ce qui relève du symbolique comme dans le domaine professionnel une promotion ou une augmentation, par exemples.

S'il apparaît intéressant qu'un responsable adresse parfois à son personnel des signes conditionnels positifs et le cas échéant d'autres signes qui peuvent être inconditionnels positifs, nous constatons facilement le danger grave d'un stroke négatif inconditionnel. En ce qui concerne le stroke conditionnel négatif, nous admettons qu'il peut être employé à certains moments mais son caractère ambigu nous amène à penser qu'il ne faut peut-être pas en faire un usage trop fréquent.

Il est indéniable qu'un emploi judicieux des divers types de signes de reconnaissance par les responsables aux divers niveaux des entreprises est très important. Ces signes ont une influence considérable sur le personnel constitué, ne l'oublions pas, d'un ensemble d'individus qui, chacun à sa façon, éprouve des sentiments, des besoins divers dont celui de reconnaissance et de stimulation. Distribués avec intelligence et justice, ces signes de reconnaissance influencent fortement la motivation, donc la performance. Aujourd'hui est leader celui qui, entre autres, sait entraîner des gens que l'on peut qualifier d'ordinaires vers la réalisation de choses extraordinaires ; à quelques exceptions près, le leader joue gagnant les salariés dont il est le véritable animateur en repérant chez chacun les qualités spécifiques et le potentiel. Dans notre précédent ouvrage, nous notions déjà, donnant une définition de la motivation :

«Est motivé celui qui, dans son milieu de travail :

- trouve un centre d'intérêt qui l'incite naturellement à agir et développer ses initiatives ;
- sait que ce milieu peut être valorisant pour lui, en lui permettant de progresser et de s'enrichir en compétence et expérience, utiles pour lui et les autres ;
- sait que ce milieu peut être gratifiant pour lui : il pourra être reconnu et apprécié par le corps social de sa hiérarchie (supérieure et subordonnée) et de ses pairs».

Cette définition donnée, nous ajoutions immédiatement que la performance, dans un contexte entrepreneurial favorable, peut être considérée comme une fonction des aptitudes et de la motivation.

Espérons, dans le contexte économique et social difficile que nous vivons depuis plusieurs années, que ces différents éléments ne font plus de doute dans l'esprit de chacun et que, aux différents échelons de l'entreprise, chaque responsable s'emploie avant tout à exercer une autorité naturelle qui insuffle un profond dynamisme à son équipe.

En définitive, une idée largement partagée aujourd'hui est celle selon laquelle la culture d'entreprise inspirée par les échelons hiérarchiques supérieurs est plus importante pour développer une stratégie gagnante que la mise en avant de tout grand modèle de management d'où qu'il vienne.

Les signes de reconnaissance donnés et reçus constituent en quelque sorte une forme de nourriture psychologique pour tout individu qui éprouve normalement un besoin d'échanger, de communiquer avec les autres. «Si deux personnes, ou plus, se rencontrent, tôt ou tard l'une d'elles parlera ou manifestera par quelque autre signe qu'elle reconnaît la présence d'autrui. L'on nomme ce phénomène un stimulus transactionnel. Une autre personne, à ce moment, dira ou fera quelque chose qui se relie, de façon quelconque, à ce stimulus et qui a nom réaction transactionnelle», ainsi Eric BERNE définit-il **la transaction**, c'est-à-dire l'échange verbal ou non qui s'établit entre plusieurs personnes. Quand deux hommes se rencontrent, c'est en réalité leurs états du Moi qui entrent en contact sur le plan relationnel et comportemental. Chacun de nous, nous l'avons décrit dans le chapitre précédent, possède trois états du Moi plus ou moins développés ; en conséquence, lorsque deux individus se rencontrent, on peut dire que le Parent, l'Adulte et l'Enfant de l'un va se trouver en rapport avec le P.A.E. de l'autre. Les transactions qui s'établissent entre deux personnes mettent de fait en relation six états du Moi et nous ne parlerons pas de ce que l'on peut appeler les «sous-états», c'est-à-dire en particulier l'Enfant Libre ou Adapté, le Parent Nourricier ou Normatif. Il existe, on le comprend facilement, de nombreuses combinaisons possibles à l'intérieur des échanges entre êtres humains ; dans la partie qui va suivre, nous allons décrire les quatre principaux types de transactions qui peuvent s'instaurer entre des personnes. De manière à être aussi concret que possible, nous prendrons un ou plusieurs exemples dans la vie professionnelle ou non, dans le but d'expliciter chacun des quatre cas en question :

- *«A quelle heure arrive le client très important dont vous m'aviez parlé hier ?»* demandera tel Directeur Commercial à son Adjoint ;

«Notre rendez-vous est fixé à quinze heures» répondra l'Adjoint interrogé.

Nous nous trouvons là dans la situation d'une communication aisée, «opérationnelle» aussi. La personne questionnée a bien fournie une réponse claire et précise à ce qui lui était demandé. Les deux interlocuteurs concernés étaient véritablement «sur la même longueur d'onde» et, en la circonstance, chacun s'est exprimé à partir de son état Adulte, celui qui permet l'échange d'informations, notamment.

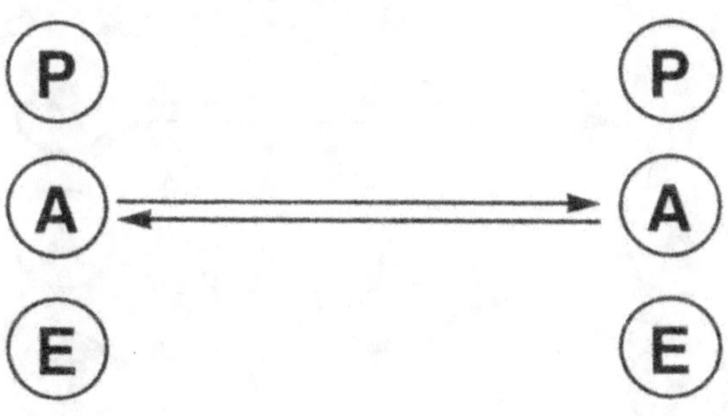

En posant sa question , le Directeur Commercial était «branché» sur son état Adulte (demande d'un renseignement) ; il s'adressait également à l'état Adulte de son Adjoint afin de recevoir une réponse utile.

Dans ce cas, on parle d'une transaction complémentaire ou parallèle puisque l'état du Moi sollicité a bien répondu au stimulus en s'adressant à l'état du Moi qui l'a émis. Sur le schéma ci-dessus, appelé «diagramme transactionnel» en A.T., le stimulus et la réaction (réponse) forment des lignes parallèles.

Il existe plusieurs autres formes possibles d'échanges sur la base d'une transaction complémentaire.

Lorsque, par exemple, deux chefs de service échangent des propos tels que ceux qui suivent :

«Nous connaissons véritablement une période difficile : la concurrence de plus en plus forte, des salariés souvent apathiques, une Direction Générale qui ne nous écoute pas assez» pour l'un, le second enchaînant sur *«le contexte économique et social désastreux»*, nous nous trouvons encore dans cette situation. La discussion peut s'éterniser, elle est sans heurt et chacun y trouve son compte en échangeant des signes de reconnaissance de façon relativement agréable. Ce qui change par rapport au cas précédent, ce sont les états du Moi en action, ici le Parent pour chacun des deux protagonistes.

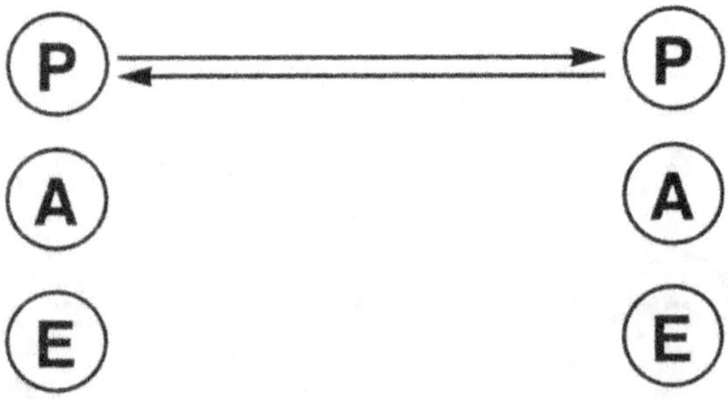

Ce type de transaction parallèle est une façon d'occuper le temps sans le moins du monde contribuer à la recherche d'une solution aux problèmes soulevés. Il renforce les liens entre des personnes qui peuvent juger, critiquer, bref donner libre cours à leur Parent respectif.

Toutes autres sont les circonstances dans lesquelles se trouvent placés deux salariés amenés à se dire à tour de rôle que *«c'est formidable d'être un vendredi, veille de week-end»*, que *«la promenade envisagée le dimanche va être très agréable»*, que *«l'absence de travail et la liberté pendant deux jours sont une bonne chose»*. Si nous connaissons là encore une transaction complémentaire, il apparaît tout à fait nettement que l'état activé est l'Enfant pour chacun des deux.

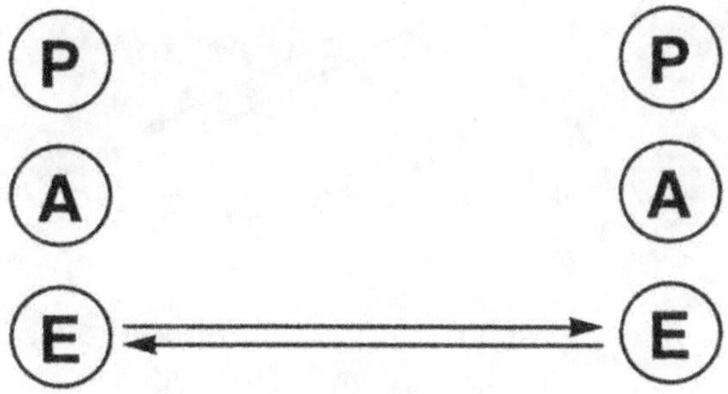

L'échange est agréable, sans conflit. Plaisir, spontanéité, affectivité en constituent les fondements.

Autre cas souvent rencontré dans le monde du travail, celui où une personne prend en charge une autre qui accepte volontiers :

«Apportez-moi le dossier que vous venez de traiter, nous allons voir ensemble les points que nous pouvons améliorer» ordonne un chef de bureau à une employée qui, soumise, répond *«qu'elle arrive tout de suite et qu'elle est très contente que son travail soit contrôlé, ce qui garantit qu'il n'y aura pas d'erreur»*.

Il apparaît clairement que l'état du Moi activé chez le chef de bureau est le Parent qui juge, guide, protège et que chez l'employé, c'est l'Enfant qui entre en action.

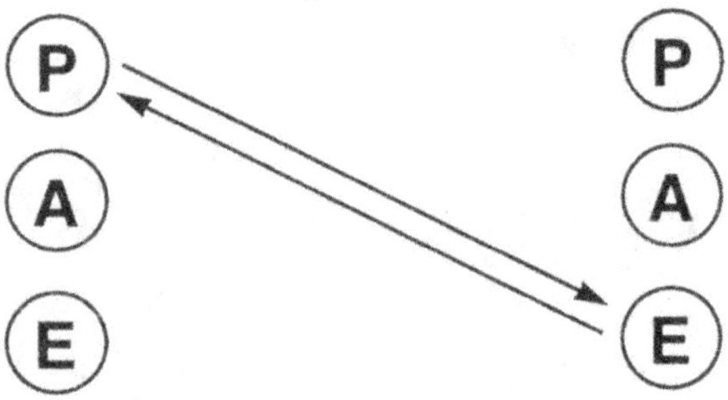

La transaction est là encore complémentaire, tout se passe sans opposition, comme lorsque petite enfant, l'employée était assistée par sa mère.

Il peut arriver que deux personnes vivent par exemple des transactions Parent-Enfant quasiment exclusives (chacun connaît des cas de ce genre) ; il s'agit alors de ce que l'A.T. appelle une symbiose, c'est-à-dire que nous nous trouvons dans une situation où une personne n'emploie dans ses relations avec une autre qu'une partie de sa personnalité. Il peut même exister une chaîne symbiotique au sein d'un groupe, le schéma ci-dessous en donnant un exemple parfois (souvent ?) rencontré dans les entreprises.

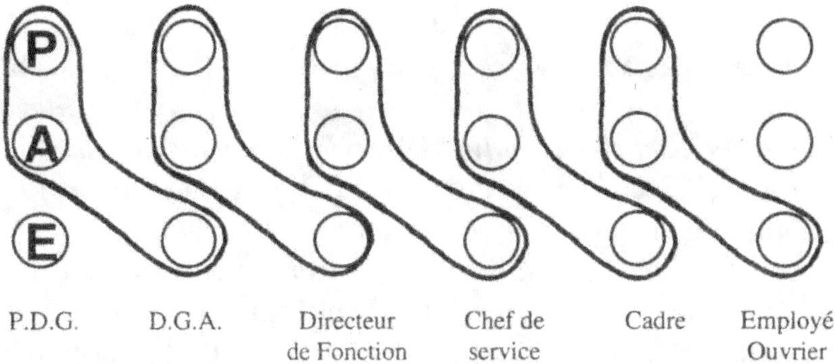

Est-ce le système de transaction qui nous semble être souhaitable au sein d'une équipe de travail ? Certainement pas car il va à l'encontre de plus de responsabilisation aux différents niveaux tout en freinant et, à la limite, en interdisant la réflexion, l'initiative et la créativité de chacun. Nous rappelons qu'à notre avis la responsabilité hiérarchique consiste aussi à savoir déléguer dans le cadre d'objectifs fixés en concertation, cela pour une plus grande implication de chacun et dans la perspective d'une entreprise qui obtient de bons résultats. Nous sommes finalement partisan d'une communication efficace et profitable à la fois ; dans ce contexte, la transaction Adulte-Adulte doit être la plus fréquente étant bien entendu que les autres formes de transactions complémentaires ont un rôle utile à certains moments. Une communication véritable ne peut exister que dans la mesure où les transactions sont parallèles.

Outre les transactions que nous venons de décrire et qui permettent un échange bilatéral authentique entre deux états du Moi, il peut se produire d'autres cas de transactions où des difficultés de communication surgissent.

Un exemple nous est donné à travers l'échange ci-dessous décrit :

«Avez-vous réussi à convaincre le client que vous venez de rencontrer de la qualité du service que nous offrons ?» demande le chef d'entreprise à son responsable commercial qui rétorque sur un ton mi-goguenard, mi-amusé : *«Avec les résultats que j'obtiens depuis trois mois, j'espère obtenir une augmentation prochainement !»*

Manifestement le responsable commercial ne formule pas le type de réponse attendu, ce n'est pas l'état du Moi appelé qui répond mais un autre, ce qui surprend l'initiateur de l'échange. Les deux interlocuteurs ne se trouvent à l'évidence pas «sur la même longueur d'onde» et la communication est coupée comme le montre le schéma suivant :

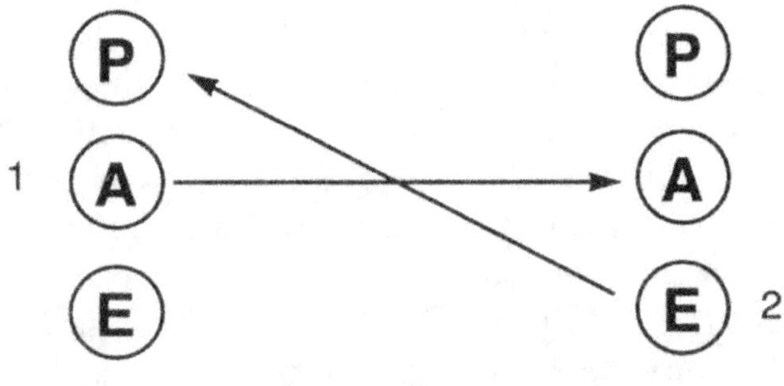

On parle là d'une transaction croisée, les lignes figurant ce type d'échange sur le diagramme transactionnel se croisant assez souvent, comme ci-dessus. Dans cette sorte de cas, seul le rétablissement d'une forme de transactions complémentaires peut permettre un échange véritable, une communication aisée.

Un autre exemple de transaction croisée est constitué par l'échange suivant :

«Sans doute êtes-vous de mon avis, le service administratif ne réagit pas suffisamment rapidement aux demandes des commerciaux», dit quelqu'un auquel il est répondu *«que la proximité des congés fait qu'on doit être joyeux et insouciant»*.

Le diagramme transactionnel figurant cet échange se présente comme suit :

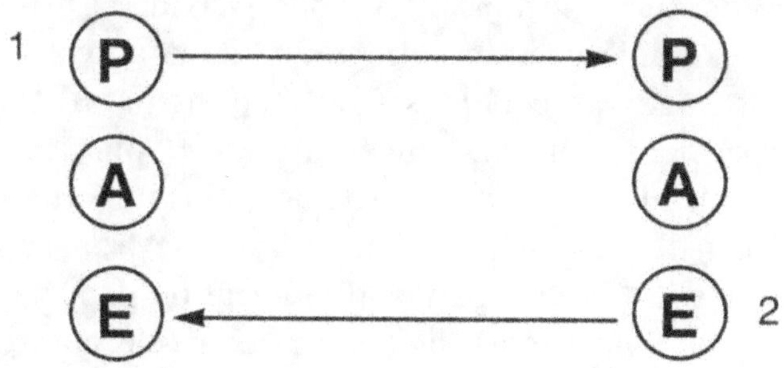

Les lignes ne se croisent pas ; toutefois, la communication est rompue et le risque de suite probable est l'arrêt de l'échange sauf dans l'hypothèse où l'un des deux interlocuteurs réoriente la transaction.

Il arrive assez fréquemment qu'une personne croise volontairement une transaction avec une autre ; cela peut être le cas de quelqu'un qui ne veut délibérément pas se laisser entraîner là où on veut le conduire.

La transaction croisée n'est pas à proscrire en toutes circonstances, y compris dans le milieu professionnel où elle peut, le cas échéant, permettre d'éviter une participation à une chaîne symbiotique d'une autre époque. Toutefois l'efficacité économique des entreprises et l'intérêt pour les personnes réclament le plus souvent la présence de transactions parallèles, d'Adulte à Adulte.

La communication entre les hommes n'est pas chose facile et le troisième type de transactions que nous allons évoquer à présent en est l'expression même. Les transactions doubles ou cachées, il s'agit d'elles, véhiculent en effet deux messages en même temps, l'un au niveau social (la transaction apparente) et l'autre au niveau psychologique (la transaction sous-jacente). En réalité chaque exemple de transactions que nous avons donné dans les pages précédentes (transactions parallèles ou croisées) peut contenir une transaction sous-jacente, implicite, le «non-dit» étant finalement plus important que ce qui est dit. La difficulté de ce type de transactions réside dans le fait qu'à partir du moment où demandes et réponses ne sont pas explicites, un risque de quiproquo existe ; le meilleur moyen de dissiper tout malentendu éventuel causé par un tel échange consiste à mettre en évidence la transaction cachée. Prenons un exemple dans la vie professionnelle :

«Ne disposant, ni vous ni moi, du temps nécessaire pendant la semaine pour réfléchir avec un peu de recul à nos méthodes de travail, je vous invite dimanche prochain à un déjeuner à caractère professionnel» proposera un Directeur à son assistante.

«Je vous remercie de cette invitation que j'accepte volontiers» répond l'assistante.

Le diagramme de la transaction apparente au cours de cet échange est le suivant :

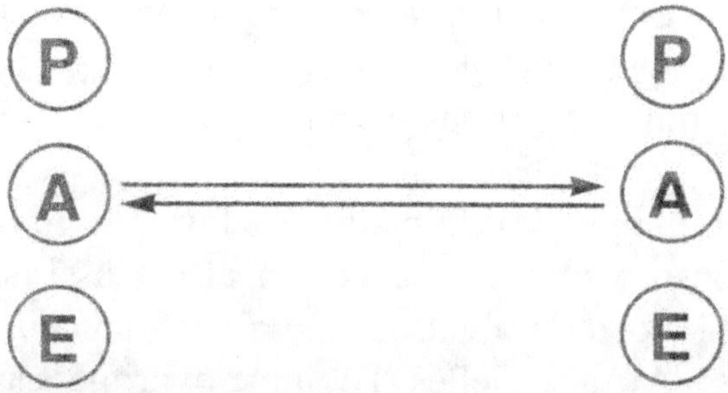

Il s'agit tout compte fait d'un échange d'informations pour organiser un déjeuner de travail entre les deux personnes.

Cela étant et en fonction d'un contexte plus global à considérer sur le plan des relations entre le Directeur et son assistante, il peut se faire que la transaction apparente ci-dessus schématisée se double d'une transaction sous-jacente. Le diagramme transactionnel complet de l'échange est alors le suivant si l'on retient l'hypothèse selon laquelle chacun des deux interlocuteurs vise en fait la concrétisation de relations pour le moins amicales naissantes à travers ce déjeuner :

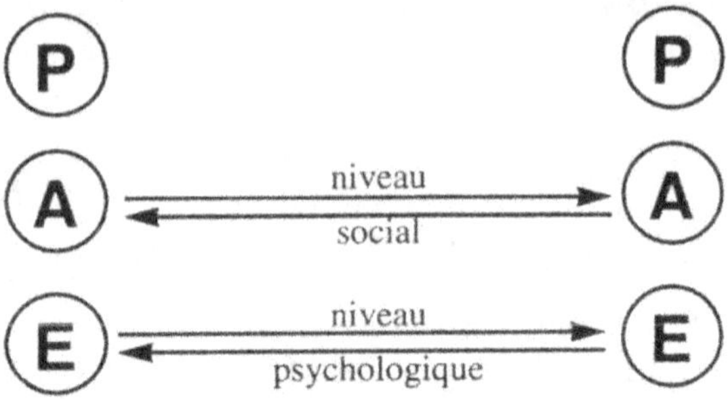

Le contexte, le langage non verbal (regard, ton employé...) peuvent permettre de déceler l'existence ou non d'une transaction sous-jacente.

La communication humaine est faite de nombreuses transactions doubles ou cachées appelées aussi déguisées ou à double fond (les quatre qualificatifs sont couramment employés). A travers elles, l'homme exprime sans doute souvent l'ambiguité et la complexité de son être.

Un cas particulier de transactions doubles est constitué par ce que l'on appelle les transactions angulaires.

Imaginons la réflexion suivante faite par un vendeur à un client potentiel :

«Je vous proposerais bien l'achat de ce bel appartement en plein centre ville mais son coût s'élevant à plus de deux millions de francs, je pense qu'il est trop cher pour vous».

Cette remarque sous-entend aussi :

«Vous n'êtes pas assez riche, c'est dommage».

La réponse peut être la suivante :

«Votre proposition en centre ville m'intéresse et je peux en assurer le financement» ; disant cela le client pense également sans l'exprimer :

«C'est un comble, il me prend pour quelqu'un qui a peu de moyens».

Le vendeur a volontairement décidé d'activer deux états du Moi (l'Adulte et l'Enfant) chez le client, de le manipuler en utilisant l'aspect envieux de sa personnalité. Il tente une certaine forme d'action pour essayer de vendre ; la réussite n'est pas garantie mais il verra bien.

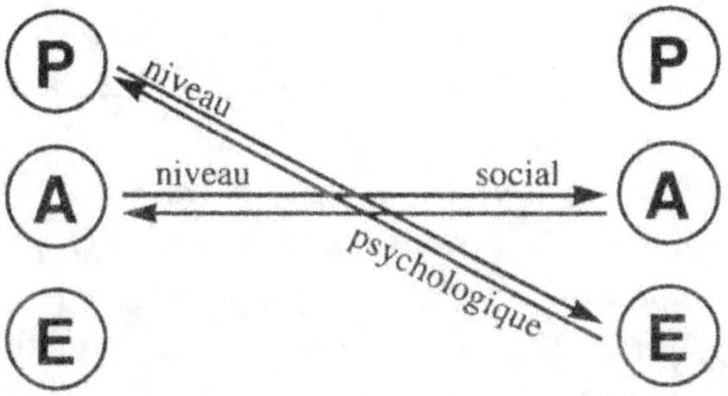

Cette transaction est qualifiée d'angulaire du fait que l'axe Adulte-Adulte, niveau social de l'échange, forme un angle avec l'axe Parent-Enfant, niveau psychologique. Il s'agit encore d'une transaction à double fond.

Dans le domaine du management, l'échange suivant entre un chef comptable et un employé de son service constitue également un cas de transaction angulaire.

«Je vous confierai l'établissement des documents de fin d'exercice après que vous ayez participé à un stage».

Cette observation sous-entend aussi, bien sûr :

«Pour l'instant, vous n'êtes pas encore capable de réaliser ce travail».

L'employé peut rétorquer ce qui suit :

«Je suis tout à fait d'accord pour suivre une formation.

D'ailleurs je voulais vous en parler car je souhaite être prêt avant la fin de cette année».

Nous nous trouvons là dans une situation identique à celle notée précédemment, concernant un vendeur et un client potentiel.

Le dernier des quatre grands types de transactions possibles entre des personnes est celui qui est constitué par ce que l'on nomme les transactions tangentes ou tangentielles. Donnons un exemple afin d'illustrer ce cas.

Un cadre s'adresse à sa secrétaire et lui demande :

«Avez-vous rappelé le client Durand pour lui dire que notre livraison aura deux jours de retard ?»

«Tout va bien, Monsieur, en ce moment je ne suis pas en retard dans mon travail» réplique immédiatement la secrétaire qui d'une certaine manière ne répond pas à la question posée. L'expression courante «prendre la tangente» définit bien la démarche de la secrétaire qui tente ainsi de redéfinir le sujet abordé par son responsable direct en abordant un thème plus général qui la gêne moins (il est vraisemblable qu'elle n'a pas rappelé le client Durand et que, de ce fait, elle ne veut pas le faire savoir). Cette forme de non-échange est appelée également transactions de redéfinition, on comprend bien pourquoi. Il peut se produire qu'elles soient involontaires mais le cas le plus fréquent se situe au niveau de l'intention et ce ne sont sûrement pas les hommes politiques en période électorale qui nous démentiront ; en effet, l'un questionne l'autre en disant :

«Comment pouvez-vous affirmer que vos résultats sont globalement satisfaisants alors que le chômage n'a pas cessé d'augmenter pendant que vous dirigiez le pays. Si vous êtes élu, que ferez-vous pour endiguer cette catastrophe dont vous êtes largement responsable ?»

Ce que l'on peut qualifier de non-réponse de la part de l'homme politique interrogé tient dans les propos suivants :

«Dans l'environnement économique mondial que nous connaissons, il est tout à fait évident que le rôle de l'Europe pour laquelle je me bats apparaît de plus en plus essentiel».

Au terme de cette partie concernant les transactions, il est important de remarquer une fois encore que pour communiquer efficacement, chaque partenaire doit se montrer capable d'employer le plus fréquemment des transactions Adulte-Adulte ; cette capacité doit en outre se situer dans un environnement de liberté qui autorise l'expression de réponses véritablement libres aux stimuli d'une tierce personne.

Pour répondre à ses besoins de stimulations, de signes de reconnaissance, d'échanges plus ou moins intenses qu'il éprouve, chaque individu organise au maximum son temps de la manière qui le satisfait le mieux. Des moments de solitude aux moments au cours desquels la communication avec d'autres peut être très forte, l'analyse transactionnelle distingue six possibilités de **structurer son temps**. Nous verrons que le contenu formel d'un mode d'utilisation de son temps ne constitue d'ailleurs pas forcément l'élément central qui détermine le choix d'une forme de relations par rapport à une autre, le plus important résidant dans la façon de vivre le moment ou l'événement. Un premier exemple de cette remarque nous est donné par cette personne au cours d'une réunion de travail ; ne prenant jamais la parole, évitant même de se prononcer à l'occasion d'une question qui lui est posée, elle paraît mentalement absente, isolée, en retrait. Probablement obligée d'être présente ou pensant qu'il vaut mieux connaître les informations données par d'autres sans se prononcer soi-même, elle n'échange finalement rien, son engagement émotionnel est quasiment nul bien qu'elle se trouve placée au milieu d'un groupe. La même façon d'utiliser son temps peut résider dans un retrait physique, un isolement qui fait qu'on se coupe des autres ; même certains responsables continuent encore aujourd'hui à fonctionner de la sorte : ne comptant sans doute que sur eux-mêmes, souffrant peut-être d'une sorte de paranoïa qui les conduit à penser qu'aucune satisfaction ne peut venir des autres, ils vivent essentiellement d'intrigues et de luttes pour le pouvoir. La peur caractérise la plupart du temps leur personnalité : peur des concurrents, des nouveaux produits, des personnes de niveau supérieur ou même égal au leur, crainte de l'avenir... leur stratégie repose fréquemment sur l'indécision et il est à souhaiter que leur nombre diminue encore dans les prochaines années car ce sont vraiment des anti-leaders. Le retrait, forme de structuration de son temps nécessaire par moments mais qui, normalement, doit trouver un équilibre avec d'autres modes de relations aux autres, constitue le premier cas possible d'occupation de ses heures au milieu ou plutôt, en l'occurrence, à côté des autres.

Le deuxième mode d'organisation de son temps que nous abordons maintenant consiste en des échanges de stimulations tout à fait sûrs et prévisibles, stéréotypés. Le rituel, il s'agit de lui, est certes nécessaire dans toute vie en société mais il ne fait pas de doute qu'il n'apporte pas une grande richesse dans les relations humaines. Les fameuses formules : *«bonjour, comment allez-vous ?»*, *«quel beau (ou mauvais) temps aujourd'hui !»* ou *«vivement vendredi soir»*, entendues ou prononcées souvent ne débouchent assurément pas sur des échanges d'une grande intensité. Il existe des rituels assez généraux et partagés par des milieux divers (ceux que nous venons d'indiquer, entre autres) et d'autres plus spécifiques à une culture, une profession, une entreprise même. Dans telle société il est par exemple important que les cadres aillent saluer chaque matin et soir le chef de service dans son bureau ; dans une autre, il est particulièrement apprécié qu'à la moindre occasion, c'est-à-dire chaque fois ou presque qu'on s'entretient avec un cadre de l'entreprise, on fasse référence à une citation, une note ou une marotte de celui qu'on appelle toujours «le Patron». Ces échanges qui n'engagent pas à grand-chose témoignent malgré tout d'une certaine reconnaissance des autres, d'une certaine envie de dialogue et ils peuvent éventuellement permettre d'aller plus loin ensuite. Trop exclusifs, ils ne peuvent apporter suffisamment à des gens qui ont soif de communication véritable. Répétitifs, superficiels, les rituels ne contribuent sûrement pas à l'épanouissement de la personne. L'entreprise qui a de plus en plus besoin des idées, de la réflexion, de la créativité de chacun de ses membres ne peut certainement pas se contenter de ce type de structuration du temps si elle veut survivre et se développer. Un peu plus positif que le retrait qui représente la non-communication par excellence, le rituel nous paraît avoir encore de nos jours une trop grande place dans la vie professionnelle au sein de beaucoup de sociétés même si, il faut le reconnaître, de plus en plus d'autres modes d'échanges complémentaires sont admis et, dans certains cas, encouragés. Un peu plus impliquant que le rituel mais à peine, le passe-temps permet une communication sans risque. Les personnes concernées par ce genre de structuration du temps se bornent en réalité au traitement de sujets dont chacun sait que l'avis formulé par l'un est forcément partagé par l'autre : *«La situation économique et sociale n'a vraiment plus rien à voir aujourd'hui avec ce que nous avons connu dans les années 60»*, dit par exemple quelqu'un qui naturellement s'entend répondre que *«la vie est de plus en plus difficile pour tout le monde et qu'on n'a pas fini de connaître ce genre de contexte»*. L'état du Moi "Parent" se trouve assez souvent en première ligne à l'occasion d'un échange fondé sur le passe-temps et l'exemple suivant, entendu parfois dans des entreprises, va dans ce sens : *«Avec le nouveau chef qu'on a, il faut vraiment avoir le moral pour tenir dans cette maison»* communique un salarié à un autre qui pour sa part ajoute : *«c'est tout à fait vrai et je me demande même comment il a pu être recruté tellement il manque de compétences»*. L'état du Moi "Enfant" peut également être fréquemment mis à contribution au cours de ce type de transaction où finalement on ne parle que pour occuper le temps. L'interlocuteur est choisi parce que supposé avoir la même opinion sur des thèmes assez futiles, la plupart du temps. Lorsqu'un salarié dit à un autre, la veille d'un week-end, que *«l'absence de travail et la liberté pendant deux jours sont une bonne chose»*, il est évident que le risque de conflit est pratiquement nul. Les formes de passe-temps peuvent varier en fonction des milieux ; les cadres parleront plutôt des perspectives de carrières, de la conjoncture et les employés des salaires bas, entre autres. Entre le rituel qui ne favorise ni une bonne qualité, ni une quantité satisfaisante de signes de reconnaissance et d'autres possibilités de structuration de son temps plus impliquantes, le passe-temps représente en quelque sorte un moyen terme qui peut suffire à de nombreuses personnes ; le cas échéant, il peut permettre le repérage de partenaires pour une relation plus forte par la suite. Dans le milieu professionnel, l'animateur d'équipe ne peut, selon nous, se limiter aux trois formes d'utilisation du temps que nous venons d'exposer (le retrait, le rituel et le passe-temps) ; il lui faut aussi être capable d'adresser aux membres de son groupe des signes de reconnaissance plus stimulants, particulièrement en rapport avec le travail fourni. La forme d'organisation du temps que l'analyse transactionnelle nomme l'activité répond à ce dessein dans la mesure où elle est orientée vers un but, avec des résultats mesurables. L'activité nécessite la fixation d'objectifs, l'étude de moyens pour les atteindre, la résolution de problèmes avec d'autres ; l'état du Moi le plus activé en la circonstance est l'Adulte. Les activités de loisir font également partie de ce type de structuration du temps puisqu'elles visent la réalisation de quelque chose, et bien qu'il ne s'agisse plus d'un travail. Le responsable qui sait apprécier un travail bien fait et sait le dire aussi bien qu'il peut être conduit à exprimer un reproche, utilise intelligemment son temps pour la fonction qu'il occupe. Les strokes résultant de l'activité sont conditionnels et l'état du Moi Parent joue parfois un rôle non négligeable dans ce contexte. Il est tout à fait capital pour une personne de concevoir une stratégie d'organisation de son temps avec les autres qui lui permette de combler ses vœux en matière d'échange de signes de reconnaissance et de transactions. Plus les échanges sont forts, plus on se trouve naturellement engagé et les risques pris vont croissants, en liaison avec l'intensité possible des strokes. L'animateur d'équipe doit être capable d'obtenir la rémunération équitable pour les salariés qui composent son groupe ; il doit aussi et avant tout avoir la capacité de répondre à leurs besoins de dialogue, de repères et de reconnaissance. Une forme de structuration du temps, la cinquième que nous citons, ne constitue pas le cas que nous recommanderons ; il s'agit de ce que l'A.T. appelle les jeux. En quoi consistent-ils ?

Eric BERNE les a définis comme «une série continue de transactions complémentaires piégées progressant vers un dénouement bien défini et prévisible». En réalité, les jeux sont utilisés la plupart du temps afin d'obtenir des signes de reconnaissance négatifs, à défaut de signes positifs. Le retrait, le rituel, le passe-temps n'apportent généralement pas suffisamment de nourriture psychologique ; l'activité demande une prise de responsabilités, de l'énergie, de l'action et on n'est jamais sûr du résultat ; les jeux, à travers la motivation cachée qu'ils contiennent sont pernicieux de nature mais ils permettent néanmoins l'existence d'un échange assez intense. Les séquences d'un jeu ont été formulées de la façon suivante par Eric BERNE :

$$A + PF = R \rightarrow CT \rightarrow ST \rightarrow B -$$

soit :
amorce + point faible = réponse → coup de théâtre → stupeur → bénéfice négatif.

Au niveau social, il y a bien transactions complémentaires, le problème étant la présence d'un message sous-jacent (transactions cachées) et nocif, le jeu débouchant malheureusement le plus souvent sur un résultat négatif, c'est-à-dire que les personnes engagées dans le jeu en ressortent généralement perdantes. Prenons un exemple simple et finalement relativement courant dans une entreprise ; un chef d'équipe fait remarquer à un ouvrier qu'il fabrique moins de pièces que son collègue pourtant affecté récemment à un même poste de travail : *«Je n'aime pas beaucoup faire des comparaisons mais il me faut quand même vous dire que vos résultats sont loin derrière ceux obtenus par Monsieur ....»* ; derrière cette observation, on peut remarquer une certaine incitation à la querelle entre les deux ouvriers concernés et en tous cas le manque de franchise et de prise de responsabilités réelle (quelle est la norme ? Une analyse des raisons est à faire en concertation avec l'ouvrier concerné si les résultats sont vraiment insuffisants). L'ouvrier interpellé, conscient que sa production est conforme aux objectifs qui lui ont été fixés, répond : *«Avec dix pièces à la minute, je suis encore 10 % au-dessus de ce que l'entreprise attend ; peut-être d'ailleurs que le nouveau n'est pas au courant des normes à atteindre, je vais lui en parler».*

Que conclure de cet échange ? En pratique, on ne voit aucun gagnant véritable, bien au contraire et au-delà du climat qu'un tel échange peut faire naître dans l'équipe, le risque de voir baisser la production du second ouvrier n'est pas à exclure.

Communication forte, les jeux débouchent toujours sur des sentiments désagréables ; il est utile de savoir les reconnaître chez soi et chez les autres de manière à les désamorcer, en atténuer la portée et s'orienter vers d'autres formes plus gratifiantes de structuration du temps. Les manipulations émotionnelles de soi et d'autrui ne représentent à l'évidence pas la forme d'organisation de son temps qui peut conduire à ce que la sixième possibilité que nous abordons maintenant est capable d'atteindre, c'est-à-dire la confiance maximum et l'acceptation sans arrière-pensée de l'autre, sans artifices d'aucune sorte. Est-ce possible dans le milieu de travail d'en arriver là ? A la limite, est-ce souhaitable ? Nous en doutons fortement car ce que l'A.T. qualifie d'intimité peut être définie comme le cas qui implique l'absence de rôle social ; chaque personne apparaît naturellement, sans masque et accepte l'autre de la même façon, exprimant chacun de ses états du Moi comme bon lui semble, l'Enfant Libre manifestant aussi ses vrais besoins, ses désirs et ses peurs. En situation d'intimité, l'engagement émotionnel est porté au maximum ; la relation est directe, spontanée, chacun des partenaires s'acceptant et acceptant l'autre dans sa globalité.

Le schéma ci-dessous résume les différents cas de structuration du temps que nous venons d'étudier :

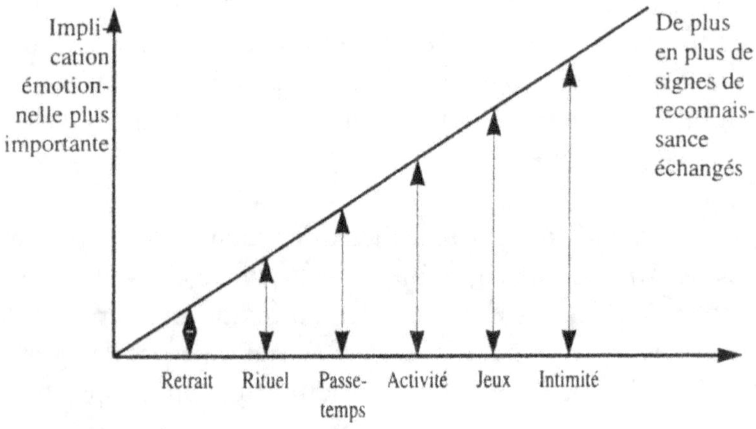

Employée pour analyser l'utilisation du temps d'une personne ou plus globalement de l'ensemble des salariés d'un service, la grille ci-dessus schématisée constitue un outil intéressant. Dans une journée, une semaine ou plus, quelle est la part de temps réellement consacrée à l'activité qui normalement doit se situer au centre de l'action de travail ? Quelle est également la quantité d'énergie gaspillée dans des jeux destructeurs ? Dans le cadre de résultats à obtenir avec des moyens définis, les différentes formes d'organisation du temps doivent pouvoir être utilisées au sein d'un système, l'entreprise, qui n'a de chances de survie que s'il n'étouffe pas trop ses acteurs, les salariés de tous niveaux. Les jeux servent généralement à combler le manque de liberté et de signes de reconnaissance attendus par les personnes à l'intérieur d'une structure ; ils débouchent la plupart du temps sur la naissance de sentiments négatifs ; ils peuvent très largement être, sinon empêchés, pour le moins limités si le responsable de l'équipe n'en joue pas trop pour sa part et remplit ses fonctions d'animateur avec honnêteté, compétence et charisme, en Adulte, avec l'état d'esprit de quelqu'un qui insuffle le dynamisme et non la perfidie. L'activité doit se trouver au cœur de l'entreprise, rituel et passe-temps formant les autres formes de structuration du temps les plus couramment employées.

Les signes de reconnaissance et les transactions ainsi que la manière dont nous organisons notre temps, expliquent pour une grande part notre personnage et les relations qu'il entretient avec les autres.

CHAPITRE 6

Les appréciations sur soi et sur les autres

Les contacts et entretiens divers que nous avons pu avoir depuis une vingtaine d'années avec de nombreux responsables et cadres d'entreprises, les échanges que nous avons eus avec eux sur la question du management des hommes, nous amènent à considérer que, dans les grandes lignes, certains perçoivent les salariés qu'ils encadrent soit comme de véritables partenaires et d'autres, au contraire, les décrivent comme de simples exécutants non impliqués, qu'il faut soumettre à sa domination. L'A.T., au terme d'une analyse approfondie, va plus loin et observe, pour ce qui concerne les **appréciations que l'on porte sur soi et sur les autres**, quatre grands cas généraux ou positions de vie :

- La position ++, symbole mathématique que les Américains formulent de la façon suivante : «Je suis OK, vous êtes OK», la plus intéressante, permet à celui qui se trouve dans cette situation de ne pas se sous-estimer ni de mal considérer les autres à priori. A travers cette appréciation, une personne, sans trop d'utopie mais avec un optimisme actif, sait trouver l'angle positif qui va lui permettre de coopérer avec d'autres. Cette appréciation de soi-même et de l'autre fait preuve de beaucoup de réalisme (il n'est pas question d'une utopie sur la bonté des hommes, par exemple) ; elle conduit à percevoir ce qui peut être fait à plusieurs en discernant chez chacun ce qui va dans le sens commun ; tout ce qui a une capacité à être perçu et vécu en positif avec d'autres, l'est sur la base d'une devise qui peut se résumer ainsi : «Avançons ensemble pour gagner ensemble dans une vie qui vaut le coup». Face à un problème, cette position de vie fait qu'une personne pensera ou dira plutôt : «Réfléchissons à une solution», de préférence à : «Ça devait m'arriver». Respect des personnes, confiance en soi et aux autres (sauf cas particuliers justifiés), actions positives, telles sont les possibilités procurées par la position de vie ++ qui, à notre avis, doit être celle d'un responsable capable, et c'est bien ce que l'on attend de lui, de former et de maintenir une équipe efficace et confiante.

- Une deuxième position possible correspond précisément au second cas que nous évoquions au début de ce chapitre, à savoir la position + -, «Je suis OK, vous n'êtes pas OK» pour les Américains. De quoi s'agit-il ? En fait, cette position de vie conduit celui qui en est détenteur à se considérer comme supérieur aux autres, d'une manière exagérée, irréaliste. A l'inverse du cas précédent (+ +), celui qui se trouve en position + - recherche chez l'autre non pas l'aspect, la raison qui va pouvoir faire naître une collaboration mais tout ce qui justifie le rejet, le mépris. Face à un problème, la réaction est d'en attribuer la cause à une autre personne et partant de là, soit de vouloir l'aider ou la sauver à tout prix, soit d'éprouver le désir de la dominer, de la persécuter ; dans chaque cas, l'état du Moi le plus actif est le Parent, Nourricier dans la première hypothèse, Critique dans la deuxième. Des réflexions du style : *«Faites ce que je vous dis et présentez-moi votre travail»* ou *«Vous n'êtes vraiment pas à la hauteur»* peuvent être formulées, y compris à l'adresse de gens consciencieux et compétents. Le responsable d'équipe se trouvant dans cette position représente l'anti-animateur typique, celui qui casse tout, à la limite inconsciemment. Autocrate, despostique, il veut tout contrôler, régir, en surévaluant ses propres capacités et en négligeant complètement la valeur de ses subordonnés pour lesquels il n'éprouve du reste aucun respect. Pour lui, l'autre c'est l'ennemi en qui on ne peut jamais avoir confiance et qu'il faut absolument écraser. Les jeux pour coincer l'autre, les signes de reconnaissance négatifs, sont fréquemment employés dans un contexte difficile à vivre pour l'entourage. A l'extrême, un risque de paranoïa peut surgir ; dans le cas le moins grave, l'entourage devient infantilisé, sans prise d'initiatives possible, soumis, sans cesse contrôlé et démotivé. Nous nous souvenons encore de ce chef d'entreprise auquel nous demandions, il y a de cela cinq ou six ans, s'il estimait que certains de ses salariés avaient besoin d'une formation complémentaire pour être vraiment performants ; d'un air dédaigneux à leur égard, il répondit textuellement : *«Ils sont tous tellement nuls que je ne vois pas ce qu'on pourrait bien leur apprendre !»* Chacun appréciera la hauteur de vue de la remarque. Les responsables aux différents niveaux de l'entreprise sont heureusement de moins en moins nombreux, à notre connaissance, à se trouver dans cette position + - ; n'en resterait-il que 10 % que nous ne considérerions pas le pourcentage comme satisfaisant.

- Autre position de vie recensée par l'A.T., celle que l'on représente par les signes - +, «Je ne suis pas OK, vous êtes OK», en utilisant la formule américaine. Se trouvent dans cette situation, les personnes qui s'estiment inférieures aux autres en ne voyant chez elles que les aspects négatifs. Cette perception de soi, l'estime exagérée des qualités chez les autres, ne nous sont pas apparues fréquemment dans la personnalité des divers responsables que nous avons pu connaître et en définitive heureusement. En effet, comment imaginer quelqu'un que la fonction doit conduire à être lucide, confiant, réaliste, dynamique, autonome, à l'intérieur d'un personnage qui se dévalorise éxagérément et se voit perdant devant les autres ? Cette position de vie - + ne peut durablement être celle d'un animateur d'équipe qui a besoin d'une personnalité complètement différente, faite de confiance en lui et dans les autres. La position de vie - + entraîne les gens concernés à activer le plus souvent leur état du Moi «Enfant Adapté» ; ils se nourrissent psychologiquement de strokes conditionnels négatifs et structurent leur temps en retrait. Ils nous paraît inconcevable pour une personne de pouvoir vivre en permanence sur ces bases sans risque de dépression. Vers la fin de sa vie professionnelle (il avait soixante-trois ans), nous avons rencontré un chef d'entreprise qui nous a dit :

«Je commence à ne plus être dans le coup, je m'en rends bien compte lorsque je discute avec les plus jeunes dans ma société» ; le connaissant depuis une bonne dizaine d'années, nous avons été surpris de cette réflexion qui témoignait d'un nouvel état d'esprit chez lui ; un an plus tard, il prenait sa retraite et nous pensons vraiment que pour lui ainsi que pour son personnel, cela valait mieux.

- L'A.T. a également repéré un quatrième type de position de vie, celui que les Américains désignent de la manière suivante : «Je ne suis pas OK, vous n'êtes pas OK» et que nous appelons la position - -. C'est la position la plus tragique puisqu'elle consiste à penser qu'il n'y a rien de bon à attendre de qui que ce soit ; elle ne peut normalement être vécue longtemps sans déboucher sur des problèmes psychologiques graves : dépression, alcool, drogue, voire meurtre ou suicide. Il est impossible d'imaginer qu'une personne faisant partie du personnel d'encadrement d'une société puisse se trouver dans une situation aussi négative ; scepticisme démesuré, apathie, désespoir, ne peuvent être les caractéristiques d'un entraîneur d'hommes qui doit en permanence relever des défis. En fonction de circonstances momentanées particulières (maladie, décès d'un proche, problèmes familiaux...), chacun peut éventuellement être amené à traverser une période plus ou moins difficile et, à l'extrême limite, se situer très provisoirement dans une position de vie - - faite de lassitude et de pessimisme ; cela étant, il est nécessaire de sortir d'un cycle négatif trop intense si l'on veut continuer à vivre normalement.

Les positions de vie que nous venons de décrire peuvent, pour une personne donnée, varier plus ou moins en fonction de l'interlocuteur que l'on a, de l'environnement considéré, du moment que l'on vit ; avec tel partenaire, on se trouvera par exemple fréquemment dans une position + + alors qu'avec tel autre on sera plutôt + -. Il faut toutefois savoir que la position existentielle fondamentale ne correspond pas précisément à la tendance générale qui se dégage des positions relatives ; la position fondamentale est en réalité celle que l'on voit surgir particulièrement dans une situation difficile. Chacun possède une position de vie fondamentale de base qui a été adoptée très tôt dans la vie (entre 3 et 7 ans), à la lumière des premières expériences vécues. Au terme d'un travail personnel ou avec l'aide d'un spécialiste, il est malgré tout possible de faire évoluer sa position de vie, une seule étant en définitive positive, la position + + qui repose sur le souci de repérer chez l'autre et chez soi, avec lucidité, les aspects positifs qui permettront d'avancer et de gagner ensemble.

Le graphique suivant donne une image résumée des positions de vie :

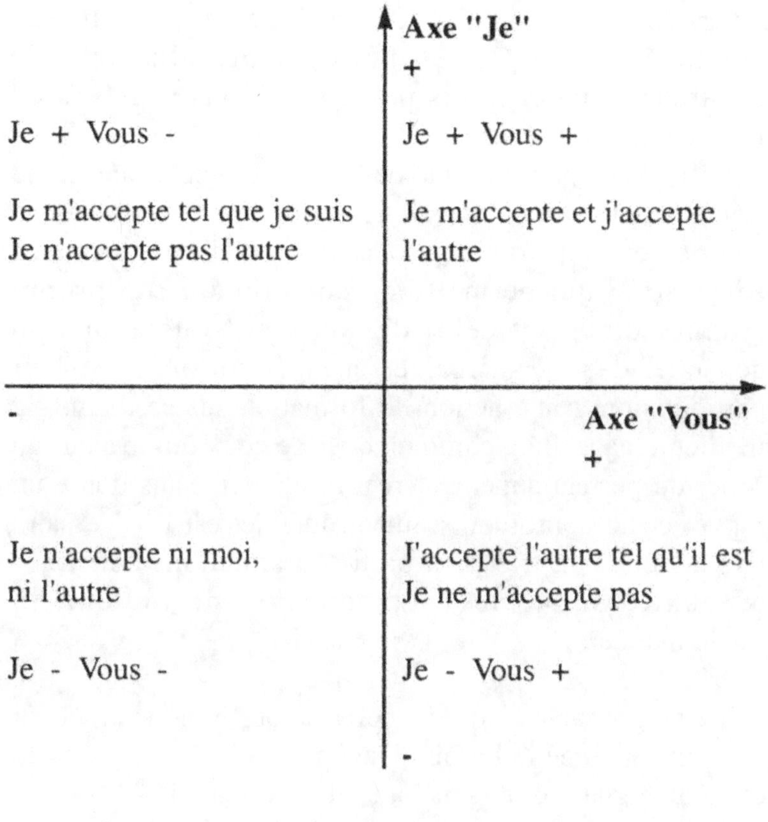

Etats du Moi et égogramme, signes de reconnaissance, transactions, structuration du temps et positions de vie constituent des grilles de lecture qui permettent de comprendre et d'améliorer les relations entre les personnes ainsi que le fonctionnement des organisations.

L'animateur d'équipe actuel a tout intérêt à bien connaître cette approche, l'A.T., afin de se mieux connaître d'une part et d'être encore plus capable d'entretenir des rapports positifs avec les membres du groupe qu'il encadre. Certains critiquent ce qu'ils qualifient de «petit mécano de la psychologie», sans grand fondement théorique mais il nous paraît utile qu'existe une théorie compréhensible par chacun, par ailleurs reconnue sérieuse et qui permette de comprendre son propre comportement et celui des autres. Nous avons pu constater dans les semaines et mois qui ont suivi leur participation à une action de formation sur ce thème, la meilleure capacité à communiquer de ceux qui avaient un souci de perfectionnement réel au départ. Sans doute un rappel et un approfondissement du sujet est-il nécessaire par la suite, un travail à partir de situations concrètes rencontrées par les personnes étant toujours à recommander.

Le responsable d'équipe, nous l'avons indiqué au début de notre ouvrage, a besoin d'une grande capacité d'écoute et de dialogue. Le pragmatisme et le sérieux de l'A.T. peut être d'une grande utilité pour lui-même étant entendu, nous en convenons, que la communication ne résoud pas tout à l'intérieur d'un système complexe, l'entreprise.

Une enquête menée en 1993 par l'institut d'études IMAGORA auprès de managers issus de son propre fichier et des lecteurs d'*Entreprise et Carrières* est tout à fait révélatrice à la fois de l'importance du critère de la communication dans l'équipe (l'un des six en question dans l'étude) et de l'insuffisance de beaucoup de responsables dans ce domaine. Les managers sondés voient en effet assez peu leurs supérieurs hiérarchiques comme des hommes de communication (35 % seulement) et ils n'évaluent par ailleurs qu'au niveau de 5,6 sur 10 le fait qu'au quotidien, leur «chef» favorise la communication dans l'équipe : il reste vraiment beaucoup de chemin à parcourir si l'on veut atteindre la qualité dans les relations de travail !

CHAPITRE 7

L'expression, l'analyse et la résolution de problèmes

Il n'est certes pas nécessaire de connaître chacun des métiers des hommes que l'on est chargé d'animer et heureusement car cela s'avérerait souvent impossible. L'animateur a une autre fonction à remplir qui diffère de celle d'un spécialiste ; cette fonction est vaste : développer une vision de son entreprise et sans cesse la communiquer avec enthousiasme à ses collaborateurs, être à l'écoute de l'environnement externe et interne à sa société et s'adapter en permanence, savoir créer l'organisation nécessaire pour atteindre les objectifs fixés, prendre les décisions qui conviennent aux moments opportuns, évoluer soi-même constamment et encourager les salariés que l'on encadre à évoluer également... les tâches sont multiples, les compétences nécessaires apparaissent diverses à tous les niveaux hiérarchiques car le succès d'une société ne peut dépendre d'un seul homme, celui qui se trouve au sommet, même si, nous en sommes convaincus, lui seul peut donner et entretenir l'impulsion.

Nous avons étudié, au fil des pages qui précèdent, l'aspect-clé de l'animation des équipes, c'est-à-dire ce qui a trait à la communication sous ses multiples facettes. L'une des autres qualités majeures que doit posséder un animateur est celle de savoir analyser et résoudre les problèmes ; nous allons aborder cette question plus précisément dans ce chapitre.

Lorsque l'on pose la question de savoir s'il existe des problèmes dans son entreprise à un responsable, certes on s'entend répondre la plupart du temps affirmativement mais il s'agit souvent de sujets sur lesquels il estime ne pas avoir prise puisque les solutions ne peuvent être trouvées que par d'autres personnes. Ainsi nous parle-t-on de concurrences étrangères qu'il faudrait interdire ou limiter, des charges trop importantes sur les entreprises que le Gouvernement devrait baisser, des salariés pas assez souvent motivés par leur travail, de la consommation insuffisamment élevée... il est en définitive assez rare qu'un responsable, quel qu'en soit le niveau hiérarchique dans l'organisation, fasse état de problèmes auxquels il lui revient de trouver directement des solutions. Or l'entreprise, si performante soit-elle, connaît en permanence un besoin de réflexion sur tout ce qui constitue sa vie : matériel, installations, organisation du travail, achats, ventes, conditions de travail, effectif, qualification, information, rémunération... les sujets sont divers et nombreux et exigent tous, afin de les traiter convenablement, une méthode que chaque responsable doit connaître et appliquer, son activité essentielle étant précisément de transformer les problèmes en solutions, en utilisant toutes les ressources mises à sa disposition pour obtenir les meilleurs résultats possibles. Le schéma figurant sur la page suivante présente les différentes phases d'une démarche à employer pour aborder toutes les questions qui peuvent se présenter.

1 - Phase d'expression du problème

↓

2 - Phase d'analyse

↓

3 - Phase d'étude de solutions et de prise de décisions

↓

4 - Phase d'action

↓

5 - Phase de suivi

Cette démarche progressive peut comporter, si le besoin s'en fait sentir, des retours en arrière dans le but d'améliorer le travail entrepris et éviter ainsi un risque d'erreur dommageable pour la suite.

Si l'on veut préciser la notion recouverte par le mot "problème", nous pouvons dire qu'il s'agit d'une situation insatisfaisante ou d'un écart qui apparaît entre d'une part un but, un objectif à atteindre et, d'autre part, la réalité des faits ou le résultat obtenu dans la pratique. Ainsi peut-on par exemple parler de problème lorsque, à un poste donné, une personne ne remplit pas correctement telle mission qui lui incombe. A travers cet exemple simple on se rend immédiatement compte que tout problème n'engendre pas forcément l'urgence d'un traitement, voire même la nécessité d'un traitement. Si la mission mal maîtrisée est importante dans le cadre de la fonction occupée, si les conséquences de cette insuffisance sont néfastes pour le fonctionnement de l'organisation (la qualité du travail réalisée n'est pas bonne, par exemple), il est clair que la recherche des causes des difficultés et de solutions appropriées s'impose. Si par contre il s'agit d'une mission ponctuelle, subalterne et normalement non renouvelable, peut-être n'est-il pas utile de passer trop de temps à son sujet. Pour ce qui nous concerne, nous proposons la typologie suivante en matière de classement des problèmes :

- D'abord il convient de considérer l'importance du problème et, partant de là, de décider si une solution mérite d'être trouvée ou pas (nous l'avons vu dans les lignes qui précèdent).
- La fréquence de production du problème est un deuxième critère à examiner avant de s'engager dans une étude de résolution plus ou moins approfondie.
- L'urgence de la réponse à apporter est un troisième aspect à considérer ; le responsable évitera ainsi de traiter les problèmes au fur et à mesure qu'ils apparaissent, sans prise en compte de la loi de

PARETO appliquée à la résolution des problèmes, à savoir qu'il faut d'abord s'occuper des 20 % de cas qui causent 80 % des ennuis.

Il est bien connu également que le fait de bien poser un problème permet de le résoudre d'autant plus facilement d'où l'intérêt capital de la phase d'analyse, parfois plus ou moins mêlée à la première phase d'expression. Cette deuxième étape qui permet d'affiner le choix de la question à résoudre, nécessite la maîtrise d'outils plus ou moins nombreux : organigrammes, définitions de fonctions, diagrammes d'analyse de processus, outils statistiques divers, tableaux de bord... et, parmi eux, le diagramme causes-effets mérite une attention particulière. De quoi s'agit-il ? Ce diagramme est une représentation graphique de l'ensemble des causes qui ont pu produire un effet constaté ou un phénomène donné. Il contribue à la recherche méthodique des causes d'un problème et s'avère particulièrement efficace, notamment lorsque tous les acteurs concernés par l'action de progrès à conduire sont associés à la démarche (un "chef", si compétent soit-il, ne peut tout savoir et il importe aussi de motiver le personnel en cherchant à l'impliquer positivement). Sur la page suivante figure le schéma de ce que l'on nomme le diagramme causes-effets ou diagramme d'ISHIKAWA.

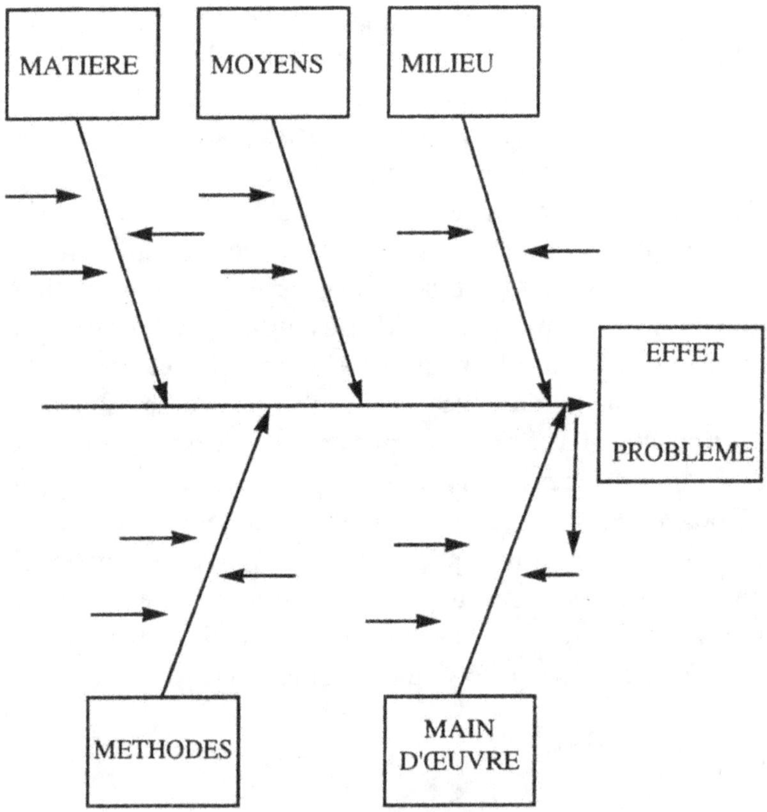
MATIERE
MOYENS
MILIEU
EFFET
PROBLEME
METHODES
MAIN
D'ŒUVRE

Ce diagramme permet de mettre en évidence les causes d'un effet ou d'un problème en se fondant sur cinq grandes familles appelées couramment les 5 M.

La démarche consiste à rechercher toutes les causes possibles à un problème donné, à les classer par types de familles (les 5 M) et à identifier les causes les plus importantes sur lesquelles il va falloir agir.

Un procédé de base pour analyser assez rapidement les faits consiste à se poser systématiquement quelques questions types. C'est pourquoi il importe de n'utiliser le diagramme causes-effets présenté ci-devant qu'après avoir répondu aux interrogations suivantes qui permettent de décrire la situation existante, sans interprétation ni déformation :

- Qui est concerné ?
- De quoi est-il précisément question ?
- Où cela se passe-t-il ?
- Quand cela se passe-t-il ?
- Comment cela se passe-t-il ?

Il s'agit là de ce que l'on appelle couramment «le Q.Q.O.Q.C.» (Qui ? Quoi ? Où ? Quand ? Comment ?) qui permet des possibilités d'exploration très riches, surtout si on y ajoute la question : Pourquoi ? pour chacun des cinq points (Qui est concerné ? X ; pourquoi lui ?...).

D'autres questions peuvent être posées utilement :

- Combien ? par exemple.

Réunir l'information objective sur l'existant constitue un élément-clé avant de passer à la recherche des causes ; les outils que nous avons cités juste avant de décrire le diagramme d'ISHIKAWA (organigrammes...) en sont des supports parmi d'autres : enquêtes sur le terrain et consultation des personnes concernées complètent très souvent l'analyse des documents.

L'une des difficultés rencontrées à l'occasion du traitement d'un problème réside dans la confusion au milieu de laquelle se trouvent parfois les responsables chargés de trouver une solution. Certains croient avoir découvert une issue à la question posée alors qu'ils ne l'ont pas véritablement analysée ; d'autres encore confondent objectif et solution. Peut-on par exemple considérer avoir réglé un problème de ventes en remplaçant un commercial par un autre, c'est-à-dire en attribuant la cause d'une baisse du chiffre d'affaires à une personne, alors que les causes réelles se trouvent ailleurs : marché des produits fabriqués en baisse au plan national, qualité des services fournis de moins en moins bonne depuis deux ou trois ans, démotivation assez large du personnel suite à des licenciements ? Sûrement pas et il est clair qu'une telle absence de questionnement et d'analyse de la part de ceux que l'on peut avoir du mal à appeler parfois "responsables" ne peut que déboucher sur une aggravation de la situation : le nouveau commercial ne pourra apporter la réponse attendue (développement du C.A.), le climat au sein de la majorité du personnel se détériorera encore plus, les clients ressentiront le malaise et six mois ou un an plus tard on se retrouvera dans un contexte encore plus difficile, voire catastrophique. Les exemples d'erreurs de diagnostics que nous avons pu rencontrer dans les entreprises sont nombreux et c'est pourquoi nous insistons sur ce point afin d'espérer attirer l'attention de ceux qui, de bonne foi, ne mesurent pas toujours suffisamment l'importance capitale des premières phases (expression et analyse) dans le règlement d'une question. Qui plus est, un problème a la plupart du temps non pas une seule cause mais plusieurs et le cas que nous venons d'évoquer entre dans cette catégorie (marché global en baisse, moins bonne qualité fournie, absence de dynamisme des salariés).

L'analyse d'un problème ayant été faite, c'est-à-dire les causes importantes et sur lesquelles il va falloir agir ayant été détectées, il s'agit désormais de passer à la troisième phase, celle de la recherche et de l'étude de solutions. Comme pour les étapes précédentes, l'animateur d'équipe travaillera rarement seul, les idées de plusieurs n'étant jamais de trop pour résoudre une question et permettre ainsi une action de progrès. La méthodologie d'étude de solutions peut être la suivante :

- Les idées en provenance du maximum de gens directement ou indirectement concernés sont collectées.
- Le classement des idées exprimées est établi après analyse de leur pertinence par rapport à la question à résoudre.
- Quelques solutions paraissant particulièrement intéressantes font l'objet d'une étude spécifique et poussée (avantages, inconvénients, coût, délai...).
- Une solution est définitivement choisie ainsi qu'un plan de mise en œuvre.

Il va de soi que le responsable joue un rôle moteur tout au long de ce processus. Quand il travaille seul, il fait fortement appel aux capacités diverses tant de son cerveau gauche (rationalité, rigueur, analyse) que de son cerveau droit (intuition, émotion, créativité). Il travaille aussi le plus souvent possible avec d'autres, particulièrement les membres de son équipe qu'il a la charge d'animer, de motiver, d'impliquer. Les réunions périodiques et assez fréquentes de l'équipe, les entretiens individuels avec chaque salarié, la production des groupes de réflexion et de propositions de natures diverses, les relations avec les représentants du personnel, les enquêtes d'opinion réalisées au sein du personnel (1) seront utilisés avec profit afin de déboucher sur une prise de décision efficace et comprise par tous. Combien de décisions n'ont jamais été appliquées du simple fait qu'elles ont été prises unilatéralement par un responsable ou qu'elles n'ont pas été suffisamment expliquées à l'ensemble des personnes chargées d'en assurer la mise en œuvre ? Il est difficile de se prononcer mais les entretiens que nous avons pu avoir depuis vingt ans avec des salariés de tous niveaux au sein d'organisations diverses, nous conduisent à penser que le pourcentage reste trop élevé, aujourd'hui encore.

La prise de décisions à géométrie variable, c'est-à-dire s'adaptant aux différentes personnes et situations rencontrées, s'avère généralement la plus judicieuse ; encore faut-il que les règles du jeu semblent claires et justes à tous et que chacun puisse les comprendre et les accepter du fait notamment de la crédibilité du décideur.

S'il est indéniable que certaines décisions ne peuvent faire l'objet d'une vaste consultation, ne serait-ce que parce que le délai avant l'action à engager est trop court, toutes les études auprès des salariés prouvent que le premier grief qu'ils expriment contre leurs responsables hiérarchiques concerne le manque d'informations et de communication ; il est très important d'en tenir compte. Dans le cas de l'erreur de diagnostic que nous décrivions précédemment (remplacement d'un commercial par un autre), il eut sans doute fallu d'abord remotiver le personnel et améliorer la qualité, les deux aspects pouvant d'ailleurs être directement liés, dans le but de reconquérir

(1) A ce propos, lire le chapitre sur la Communication Interne du livre suivant : REGNAULT G., *"Motiver le personnel dans les P.M.E. Approche pratique"*, Editions L'Harmattan, 1993.

des parts de marché ; une campagne de communication et d'action très mobilisatrice dans le but d'obtenir à terme un label d'assurance qualité ISO aurait par exemple très probablement permis de remobiliser les salariés tout en les associant à une réflexion dynamique.

Après la prise de décisions se situe bien évidemment la phase de l'action qui, répétons-le encore une fois, sera d'autant plus facile que les personnes chargées d'agir auront préalablement été associées à la réflexion. Impliqué dans l'action et non simple spectateur et censeur zélé, l'animateur d'équipe veillera particulièrement à la programmation nécessaire des opérations à réaliser ainsi qu'à la répartition des responsabilités entre les différents acteurs concernés, chacun devant savoir ce qu'on attend précisément de lui.

Toute action doit être menée sous la responsabilité d'une, voire de plusieurs personnes identifiées dès le départ ; la logique de compétence suppléant aujourd'hui celle qui n'avait pour référence que le système hiérarchique pyramidal, il importe que les "responsables théoriques" soient également agissants et non extérieurs, voire pour certains tellement en dehors des actions que l'on peut s'interroger parfois sur leur activité ou leur rôle véritable. Charisme et exemplarité formant et de très loin les deux qualités principales exprimées par les cadres dirigeants eux-mêmes (nous avons fait état de l'enquête réalisée auprès de 589 d'entre eux en 1990, au début de notre ouvrage dans le chapitre : «Mieux se connaître et comprendre les autres»), il s'agit aussi pour eux et d'autres à des niveaux plus modestes, de ne pas considérer qu'après une décision prise, tout est terminé ou presque pour ce qui les concerne.

«L'action, ce sont des hommes au milieu des circonstances. Après avoir fait aux principes la révérence qui convient, il faut laisser ces hommes tirer de leur propre fonds la conduite à tenir dans chaque cas particulier» déclarait Charles de GAULLE voilà déjà quelques décennies. Nous partageons tout à fait ce point de vue, la notion de responsabilité n'étant pas antinomique à celà.

Le suivi de l'action est une étape qu'il ne faut surtout pas négliger. Le cas échéant, il importe d'actualiser, voire de modifier profondément, le plan d'actions imaginé au départ. Flexibilité, initiative, créativité, et écoute de l'environnement doivent en permanence être présents, un échec pouvant même être surmonté et utilisé positivement pour une action future. Comme pour les phases précédentes dont nous avons fait état, le suivi, pour être efficace, peut s'appuyer sur des outils et méthodes variés : outils statistiques, diagrammes d'analyse, réunions diverses,... l'essentiel étant toujours de veiller à l'efficacité de ce que l'on fait tout en sachant pourquoi on le fait.

CHAPITRE 8

Savoir déléguer et responsabiliser

Beaucoup de personnes que nous avons pu rencontrer et interviewer, aux différents niveaux hiérarchiques des entreprises, nous ont semblé au cours des dernières années relativement réticentes à l'idée de déléguer pour les uns (le personnel d'encadrement) ou de prendre volontiers des responsabilités plus larges pour les autres. Cette tendance, la plupart du temps nouvelle par rapport à celle majoritairement exprimée au cours des années 80, pose bien entendu plusieurs questions dont celle de savoir ce qui motive ce changement ; ce fut l'un des points que nous avons cherché à élucider au fil de quelques deux cents entretiens que nous avons eus au sein d'organisations diverses, essentiellement P.M.E., en 1992 et 1993 et nous pensons utile d'en donner ici les idées majeures exprimées.

Pour ce qui concerne le personnel d'encadrement, ce qui nous a fréquemment été dit est qu'en période de crise il n'est plus possible de continuer à trop déléguer, les risques étant importants pour l'avenir, voire même la survie de l'entreprise ; la centralisation paraît donc redevenir une nécessité dans les moments économiquement difficiles. En poussant quelque peu dans leurs retranchements nos interlocuteurs et notamment en cherchant à mieux comprendre ce qui avait été leur position et leur pratique dans les années précédentes, il nous est apparu clairement que, dans une forte majorité des cas, la délégation est ressentie comme un acte à la limite contre nature ; dans la symbolique du pouvoir et de l'autorité, la délagation équivaut en définitive à un renoncement à sa toute puissance sur les autres et cette idée, insupportable particulièrement à certains cadres et à d'innombrables agents de maîtrise, est souvent maquillée à travers des tentatives d'explications fondées essentiellement sur les éléments suivants :

- En déléguant une tâche, elle n'est généralement pas réalisée aussi rapidement et aussi parfaitement que lorsqu'on l'effectue soi-même.
- La plupart des salariés n'a ni la qualification, ni la volonté de prendre une responsabilité de plus.
- Le temps passé à contrôler un délégataire est presqu'aussi long que celui consacré à la tâche elle-même, ce qui revient à multiplier presque par deux la charge.

Ces raisons invoquées principalement et l'objectif que nous avons aussi d'indiquer des voies réalistes et bénéfiques pour l'entreprise et ses acteurs, nous conduisent à formuler ci-après ce que l'on peut appeler une procédure concernant la délégation. Au préalable, la notion même du mot délégation paraissant assez floue dans l'esprit de beaucoup de gens, nous estimons intéressant de préciser ce dont il s'agit : déléguer signifie confier durablement ou le plus souvent temporairement une mission ou un objectif particulier à un collaborateur étant entendu qu'il dispose d'une marge d'autonomie à préciser et qu'il doit, tôt ou tard, rendre des comptes sur les résultats obtenus et les raisons de ces résultats. Déléguer ne veut pas dire pour le responsable se désintéresser, laisser faire, ni assister en permanence ou surcontrôler ; il s'agit tout le long de la ligne hiérarchique de créer une dynamique dans laquelle chacun sait ce qu'on attend de lui, pourquoi, avec quels moyens, dans le cadre de quel projet pour l'organisation et lui-même, projet d'entreprise et projet personnel ayant besoin de se recouper au maximum si l'on vise sérieusement la réussite de l'action commune. Dans la pratique, la procédure de délégation comporte les étapes suivantes, la première d'entre elles constituant la base incontournable des divers aspects d'une nécessaire gestion des ressources humaines, y compris dans les P.M.E., nous voulons parler de la définition des fonctions :

- **Première étape : la description des fonctions.**
- **Deuxième étape : le choix du délégataire.**
- **Troisième étape : la négociation du contrat de délégation.**
- **Quatrième étape : le déroulement et le contrôle de l'action.**

Essentielle, nous ne le répéterons jamais assez car de nombreux salariés se plaignent soit de son absence formelle, soit de son imprécision, **la description de fonctions** ne doit pas être établie une fois pour toutes, à l'occasion du recrutement. Les fonctions peuvent et si possible, doivent évoluer au cours d'une vie professionnelle qui a besoin de connaître diverses phases pour être suffisamment motivante (sa durée avoisine souvent les quatre décennies). Sur la page suivante figure le schéma d'une description de fonctions.

FICHE DE DESCRIPTION DE FONCTIONS

1 Intitulé du poste

2 Mission globale

3 Place dans l'organigramme

4 Relations hiérarchiques

5 Relations fonctionnelles

6 Relations extérieures

7 Tâches à réaliser et responsabilités

8 Participation à des groupes de projet (le cas échéant)

9 Marge d'autonomie

10 Conditions de travail (matérielles et psychologiques dont moyens mis à disposition)

11 Cœfficients limites (mini / maxi)

12 Rémunération et avantages divers

13 Evolution possible

14 Profil du titulaire (particulièrement savoirs, savoir-être, savoir-faire).

La participation à un groupe de projet sur une durée plus ou moins longue (souvent entre plusieurs semaines et rarement plus d'un an) peut faire partie des fonctions confiées à un salarié (point 8 de la fiche de la page précédente). Il s'agit d'une activité temporaire à assumer avec d'autres participants en vue de résoudre une question plus ou moins importante pour le fonctionnement de l'organisation, par exemple la mise en place d'un système d'appréciation des performances (nous traiterons ce point précis un peu plus loin dans ce même chapitre). Basée sur le principe du volontariat ou non, l'existence d'un groupe de projet vise l'atteinte de résultats précis, concrets et dans un laps de temps généralement assez bref ; il ne s'agit aucunement d'un groupe d'études sans objectifs opérationnels ni responsabilités réelles comme on en connaît encore trop au sein de certaines structures à dominante administrative. Composé de cinq à dix personnes pouvant appartenir à des départements et services divers (sa richesse vient de la diversité des origines des participants), le groupe de projet occupe le plus souvent une partie du temps de travail de ses membres qui continuent par ailleurs à remplir les missions permanentes du poste qu'ils occupent.

L'animation du groupe est assurée par une personne à définir en fonction du problème à résoudre, les principes de compétences et de motivation étant les seuls à prendre en compte ; il est souhaitable qu'un collaborateur expert sur un sujet puisse en effet entraîner d'autres salariés et que certains responsables hiérarchiques participent comme membres à un groupe extérieur à celui qu'ils ont l'habitude d'encadrer.

Chaque personne employée par une organisation, quel que soit son niveau hiérarchique, doit disposer d'une définition de fonctions qui peut être établie de différentes façons :

- L'observation directe du travail à réaliser s'il s'agit d'activités facilement repérables, du type "travail à la chaîne" par exemple.
- L'interrogation de titulaires d'un même poste (au moins deux) et de leurs responsables hiérarchiques, à travers une interview très circonstanciée.
- Le questionnaire qui peut remplacer l'interrogation (mais donne généralement moins d'informations et paraît présenter un risque de moindre objectivité).

Il existe, par fonction, des fiches qui peuvent servir de guides (1) et l'intérêt de comparer un poste avec son similaire dans d'autres entreprises du même type (secteur d'activité et taille, en particulier) est souhaitable afin d'éviter des erreurs ou des insuffisances graves.

Il importe que le responsable d'une équipe, se fondant sur les fonctions qu'il doit assumer, procède à une sorte de classement lui permettant de situer :

- ce qu'il ne peut impérativement pas déléguer et doit assumer lui-même directement ;
- ce qu'il peut déléguer à une personne du groupe qui est suffisamment formée, expérimentée, motivée ;
- ce qui devrait normalement être délégué mais ne peut l'être en pratique, à défaut de quelqu'un capable de prendre en charge la délégation.

---

(1) VOIRIN G., *"40 fiches-outils : définir les fonctions"* ; les Editions d'Organisation, 1991.

Naturellement, ce dernier point peut faire l'objet d'une action afin de combler le besoin de formation d'un collaborateur dans certains cas ; ensuite et après un nécessaire entretien d'évaluation avec la personne concernée, peut-être sera-t-il possible de déléguer certaines missions qui ne pouvaient l'être précédemment. Si le besoin à combler avant une délégation ne concerne pas la formation mais se situe dans le domaine de la motivation, il y a lieu d'estimer ce qui peut être fait après un audit sur les causes de la situation (il peut s'agir d'une question de rémunération, de tout autre chose à caractère psychologique ou relevant de l'organisation, entre autres). Parfois on ne peut résoudre au moins momentanément le problème existant ; les choses pouvant évoluer dans le temps pour des raisons diverses (arrivée d'un nouveau dans l'équipe, modification dans l'organisation, ou encore évolution suffisante d'un membre du groupe), il apparaît une solution par la suite.

Quelle que soit la situation, la répartition des délégations ne doit pas être établie une fois pour toutes, les questions à traiter et les hommes étant susceptibles de changements selon les moments.

L'animateur d'équipe doit également savoir que déléguer ne veut pas dire se débarrasser d'une tâche ennuyeuse ou se décharger complètement d'une responsabilité qui dérange ; l'intérêt du délégant et du délégataire se rejoignent pour que l'expérience de délégation fonctionne bien, c'est-à-dire soit un vecteur de progrès et de motivation pour tous.

Le choix du délégataire doit prendre en compte deux grands aspects que nous venons d'évoquer dans les lignes précédentes, c'est-à-dire le niveau de compétence d'une part et, d'autre part, le degré de motivation. Chacun des deux éléments à apprécier par le responsable doit en outre faire l'objet d'un entretien individuel avec la personne pressentie. L'un des rôles d'un animateur consistant notamment à bien connaître chaque membre de son équipe, on peut penser que le risque qu'il se trompe sur le choix est la plupart du temps minime, surtout dans une P.M.E. à faible effectif, mais il convient en toutes circonstances de procéder à une consultation, l'adhésion du salarié délégataire constituant un élément capital.

Pour déléguer dans de bonnes conditions, le responsable présente d'abord son projet dans les grandes lignes au délégataire envisagé qui, pour sa part, a tout intérêt à donner franchement son avis : accepte-t-il l'idée ? demande-t-il un temps de réflexion ? s'estime-t-il capable ? éprouve-t-il de l'intérêt pour ce qui lui est proposé ? voit-il des difficultés ? comment les surmonter ?... Bien entendu, il est nécessaire de fournir le maximum d'informations au collaborateur sur ce que l'on attend de lui (les objectifs à atteindre qui peuvent d'ailleurs être discutés), les moyens et pouvoirs dont il disposera (qui peuvent aussi être négociés) et, le cas échéant, ce que peut lui procurer à court ou moyen terme la réussite de la délégation (il semble normal qu'un salarié puisse, d'une façon ou d'une autre, tirer profit d'une ou de plusieurs actions complémentaires qu'il aura acceptées et réussies). En réalité, le délégataire doit s'approprier le projet et on peut parler à ce stade d'une véritable **négociation du contrat de délégation** entre les parties concernées.

Avant une acceptation définitive de délégation par un collaborateur, il va de soi que les conditions de déroulement et de contrôle de l'action qu'on lui confie doivent être précisées au maximum : dispose-t-il d'une totale liberté pour agir ? pourra-t-il faire appel au délégant aux moments qui lui conviendront le mieux ? fera-t-il l'objet de contrôles à diverses étapes au cours de l'action ? ne sera-t-il apprécié qu'au terme de l'action ?... Tous ces points doivent être clairement définis avant même le début d'un travail qui diffère d'une simple exécution. Comme son subordonné, le responsable doit être capable d'apprécier la situation, l'interaction délégant-délégataire et le principe de co-responsabilité visant tout au long de l'opération le seul but à atteindre : le succès. Chaque fois que cela sera possible, c'est-à-dire essentiellement en fonction du niveau de compétence et d'implication du délégataire, il nous paraît opportun de lui laisser la plus grande marge d'initiatives ; le délégant n'est finalement là, prêt à l'épauler, que s'il est sollicité et la seule initiative du responsable hiérarchique réside dans le contrôle final qui se confond avec une analyse en commun des écarts éventuels entre les objectifs atteints et ceux fixés au départ ainsi que la façon de les combler.

Ce travail de délégation et de responsabilisation doit être permanent ; les missions déléguées et les échanges entre responsables hiérarchiques-animateurs et les personnes qui leur sont rattachées doivent naturellement être fréquents. Au-delà des actions courantes et plus ou moins ponctuelles dont nous venons de faire état, il apparaît également très nettement un besoin, une ou deux fois par an, de prendre un peu plus de temps pour faire un «état des lieux» plus complet ; nous voulons parler de l'entretien individuel d'appréciation ou d'évaluation, appelé aussi entretien de management ou de développement dans certaines organisations.Le besoin, assez souvent exprimé par les collaborateurs eux-mêmes, ne se manifeste pas toujours aussi expressément parmi le personnel d'encadrement, nous avons pu le constater au cours de nos interventions dans les entreprises : le poids du passé et le conservatisme de certains en matière de relations et de pouvoir hiérarchique freinent encore assez souvent un mouvement qui nous semble toutefois inéluctable car on ne peut durablement rester hors du progrès, quand bien même on estime le cas des P.M.E. comme étant particulier à certains égards.

La fonction d'un système d'entretien individuel comporte en réalité deux grands types d'aspects, un aspect management et un aspect gestion des ressources humaines :

- l'entretien individuel, acte de management permet :
    - de répondre aux besoins de dialogue, de repères et de reconnaissance de chacun ;
    - de concrétiser objectivement l'engagement du personnel d'encadrement qui ne doit ni fuir ses responsabilités ni éviter son pouvoir de décision ;
    - de développer la transparence réciproque ;
    - de favoriser la responsabilité de chaque salarié, eu égard à sa fonction et compte tenu d'objectifs à atteindre ;
    - de développer la motivation et de renforcer l'adhésion à travers la clarification des buts de l'entreprise d'une part, de ceux des personnes d'autre part.

- l'entretien individuel, acte de gestion des ressources humaines prépare les décisions concernant :
    - les mutations et promotions ;
    - la formation ;
    - le salaire au mérite (qui, selon nous, doit constituer une part de la rémunération), étant entendu que les périodes d'entretien d'un côté, de

révision des salaires de l'autre, doivent être assez largement séparées (au minimum un mois) afin d'éviter amalgames et confusions ;
- une modification dans l'organisation du travail ou les moyens attribués ;
- une sanction, le cas échéant (bien que ce ne soit pas un but à viser spécialement).

Il doit s'agir d'un entretien utilisant le langage de la vérité de part et d'autre, au cours duquel un dialogue réel existe, reposant sur des transactions complémentaires, les deux personnes se trouvant «branchées sur l'état du Moi Adulte», pour utiliser le langage de l'analyse transactionnelle : l'esprit de l'entretien permet véritablement d'envisager à deux la solution à chacune des questions à résoudre dans l'entreprise, à un poste donné.

Naturellement, la mise en place du système suppose la définition préalable de références utiles et acceptées par les différents partenaires :
- la description de fonctions (nous en avons déjà parlé) qui ne doit pas être figée mais au contraire, vivre, évoluer au gré des besoins et de manière concertée ;
- les éléments ou critères qui serviront de normes pour expliquer les résultats : connaissances et aptitudes professionnelles, comportement dans le travail, activité d'encadrement (en fonction du niveau du poste) ;
- la définition des niveaux d'appréciation pour chaque critère : insuffisant, à améliorer, bonne performance, supérieur, exceptionnel et non évaluable, le cas échéant ;
- la notion d'objectifs : quantité, qualité, délai... ;

- la chronologie des entretiens : il est préférable de débuter par le haut de la hiérarchie pour des questions de cohérence d'objectifs et de crédibilité du système aux yeux de l'ensemble du personnel ;
- les supports écrits (un pour le responsable, un pour le collaborateur), guides pour préparer et conduire l'entretien.

Un exemple de supports est présenté dans les pages suivantes.

COMMENT PREPARER
VOTRE ENTRETIEN D'APPRECIATION
DES PERFORMANCES

Votre supérieur vient de choisir avec vous la date de votre entretien d'appréciation des performances. Voici quelques informations concernant cet entretien.

I - BUTS DE L'ENTRETIEN D'APPRECIATION DES PERFORMANCES

La performance représente le résultat des actions menées par une personne dans son poste sur une période déterminée.

Cet entretien permet :

- d'apprécier vos performances, c'est-à-dire les résultats obtenus en les comparant aux résultats visés.
- d'analyser les raisons pour lesquelles vous avez atteint vos objectifs (dégager vos points forts) et celles pour lesquelles vous ne les avez pas atteints (dégager vos points faibles, envisager les actions d'amélioration).
- de se projeter sur l'avenir en déterminant vos objectits pour l'année suivante.
- d'initier la réflexion sur vos besoins de renforcement de compétences (formation) et vos capacités de développement. Cette réflexion sera finalisée lors de l'Entretien de Vie Professionnelle, dans six mois.
- de préparer les décisions susceptibles d'avoir une influence sur votre contrat de travail : rémunération. mutation, sanction...

Si vous souhaitez aborder la question de votre rémunération, ceci doit faire l'objet d'un autre entretien spécifique et ultérieur avec votre responsable hiérarchique, dans la mesure où l'appréciation ne constitue que l'un des éléments d'une décision salariale.

II - PRINCIPES ET VALEURS SUR LESQUELS REPOSE L'ENTRETIEN D'APPRECIATION DES PERFORMANCES

- Le langage de vérité.
- La volonté de dialogue.
- La responsabilité hiérarchique.
- L'objectivité.
- L'équité entre les personnes.
- La conformité du document à la teneur de l'entretien.
- Les 12 derniers mois comme période de référence.

III - COMMENT PREPARER CET ENTRETIEN

- Pour être objectif, recherchez les FAITS, rien que les FAITS.
- Rassemblez des documents qui peuvent vous aider : description de poste (ou liste précise de vos tâches si vous n'avez pas encore réalisé votre description de poste), objectifs fixés l'année dernière, agenda...
- Recherchez les circonstances qui expliquent vos résultats. Certaines ont pu faciliter votre travail, d'autres vous le compliquer.

IV - COMMENT VA SE DEROULER L'ENTRETIEN

Votre responsable hiérarchique va aborder avec vous différents thèmes présentés ci-après. Chacun de ces thèmes fera l'objet d'une évaluation spécifique. Une appréciation de synthèse sera ensuite apportée selon 5 niveaux :

- INSUFFISANT : résultats inférieurs aux attentes minimales pour le poste.
- A AMELIORER : correspond globalement aux attentes, mais certains résultats doivent être améliorés.
- BONNE PERFORMANCE : correspond à tous égards aux attentes.
- SUPERIEUR : résultats très au-dessus des attentes.
- EXCEPTIONNEL : contribution hors du commun.

Le contenu de l'entretien fera l'objet d'un compte rendu.
Un espace vous est réservé sur ce document, vous pourrez y indiquer vos remarques.
Vous le co-signerez et en garderez une photocopie. Votre signature attestera que vous avez pris connaissance du document et des informations qui y figurent.

1 - Missions ou objectifs permanents du poste
Ce sont les activités importantes de votre poste, celles qui constituent sa raison d'être.
Listez-les, puis collectez les résultats obtenus ainsi que les faits qui s'y rapportent et les expliquent.

2 - Missions ou objectifs ponctuels
Ils ne font pas partie des activités habituelles du poste. Ils peuvent avoir été négociés lors de la fixation d'objectifs (participation à un groupe de projet, en particulier) ou être apparus de façon imprévue en cours d'année. Ils sont en général en nombre faible et non renouvelés.

Pour chacun d'entre eux, collectez les faits qui s'y rapportent et expliquent vos résultats.

3 - Eléments de l'évaluation

Il s'agit de critères permettant d'analyser les raisons pour lesquelles vous avez atteint ou non vos objectifs.

Pour assurer une plus grande objectivité et fournir une échelle commune d'évaluation, vous trouverez ci-après une définition du niveau "bonne performance" pour chacun des critères :

a) Connaissances professionnelles

- Connaissances requises par le poste : elles permettent d'assurer l'ensemble des tâches confiées.
- Connaissance de l'organisation et des règles de l'entreprise : connaissance suffisante du fonctionnement et des liens entre les différents services, ainsi que des usages et règlements en vigueur.

b) Aptitudes professionnelles (mise en application des connaissances)

- Qualité du travail réalisé : la qualité finale du travail correspond à celle attendue, les erreurs ne sont pas directement imputables au collaborateur.
- Productivité du travail réalisé : production de la quantité et de la qualité de travail attendues.
- Faculté d'adaptation à l'évolution de sa spécialité : est capable d'acquérir les nouvelles connaissances correspondant à l'évolution du poste.
- Respect des consignes de travail, règles et procédures : les diverses procédures (sécurité,...) sont appliquées convenablement, sans qu'il soit nécessaire de les rappeler.

c) Comportement dans le travail

- Implication : consacre le temps et l'énergie nécessaires au poste, au service, à l'entreprise.
- Sens du travail en équipe : suscite le travail d'équipe, y participe et partage son expérience.
- Qualité de collaboration avec la hiérarchie : suit les directives, collabore de manière franche et constructive.
- Adaptabilité : bonne adaptation générale (collègues, service, entreprise).
- Sens de la communication : transmet des messages clairs, complets et sincères, avec une bonne qualité de dialogue.
- Sens des responsabilités : gère les problèmes avec autonomie et en assume les conséquences.
- Esprit d'initiative, capacité à entreprendre : prend seul des décisions judicieuses, propose des idées, lance de nouvelles actions.
- Organisation et méthode : fait preuve de rigueur dans les tâches effectuées, planifie, respecte les délais et anticipe les difficultés.
- Créativité, imagination : fait preuve d'inventivité dans la résolution des problèmes liés à sa mission.
- Energie et persévérance dans le travail : va au bout de ses actions, avec résistance, sans se rebuter face aux difficultés.
- Autonomie : accomplit seul les tâches ne nécessitant qu'un contrôle à postériori.

d) Activité d'encadrement

- Animation et motivation de l'équipe : mobilise et suscite l'adhésion de l'équipe autour d'objectifs définis.
- Délégation et suivi : utilise les capacités de chacun en leur confiant les bonnes missions et en contrôlant les résultats.

- Capacité à évaluer : apprécie objectivement, et en utilisant un langage de vérité, les résultats de ses collaborateurs.
- Formation et développement des collaborateurs : propose les actions de formation adaptées, se préoccupe de l'évolution de ses collaborateurs et veille à leur épanouissement professionnel.
- Ecoute et dialogue : prend en compte les différents arguments d'autrui pour adapter son dialogue, son jugement...
- Information de l'équipe : transmet les informations utiles à l'équipe et s'assure qu'elles ont bien été reçues.
- Capacité d'arbitrage : arbitre entre les intérêts divergents puis assume la responsabilité de ses décisions.
- Productivité des groupes "Défi" ou des groupes de travail : les groupes "Défi" apportent les solutions aux problèmes qui y sont posés et mobilisent les participants autour d'objectifs d'amélioration.

Certains de ces critères peuvent ne pas correspondre à votre poste, ils ne seront alors pas évalués.

4 - Proposition d'objectifs

Après avoir apprécié les objectifs et missions de l'année écoulée, vous fixerez AVEC votre responsable hiérarchique vos objectifs pour l'année à venir. Ces derniers seront eux-mêmes évalués dans un an et peut-être revus lors de l'entretien de vie professionnelle, dans six mois.

Préparez la liste des objectifs que vous envisagez d'atteindre, sans mentionner ceux de vos collaborateurs, puis fixez des priorités. Choisissez des objectifs à la fois ambitieux et réalistes et formulez-les de la façon la plus mesurable possible, en termes d'action, quantité, qualité, délai...

Selon le poste occupé, vos activités se prêtent plus ou moins facilement à la fixation d'objectifs. Cependant, il est utile de souligner certaines actions d'amélioration visées. Ces actions d'amélioration peuvent être liées au poste et/ou au titulaire du poste.

Vous avez préparé votre entretien, votre responsable hiérarchique également. Ainsi, vous agirez l'un et l'autre en professionnels, soucieux de progresser et de faire progresser votre entreprise.

Nom :
Prénom :
Poste :
Section :
Période de référence :
Date de l'entretien :

COMPTE RENDU DE L'ENTRETIEN D'APPRECIATION DES PERFORMANCES

Formulaire à retourner à la D.R.H. (ou à la D.G., quand la D.R.H. n'existe pas).
En conserver deux photocopies, une pour le responsable hiérarchique, l'autre pour le collaborateur.

Rappel des définitions des niveaux d'appréciation

- INSUFFISANT : résultats inférieurs aux attentes minimales pour le poste
- A AMELIORER : correspond globalement aux attentes, mais certains résultats doivent être améliorés
- BONNE PERFORMANCE : correspond à tous égards aux attentes
- SUPERIEUR : résultats très au-dessus des attentes
- EXCEPTIONNEL : contribution hors du commun

MISSIONS/OBJECTIFS PERMANENTS DU POSTE	
DESCRIPTION RESUMEE	RESULTATS OBTENUS

APPRECIATION GLOBALE

INSUFFISANT | A AMELIORER | BONNE PERFORMANCE | SUPERIEUR | EXCEPTIONNEL

MISSIONS/OBJECTIFS PONCTUELS	
DESCRIPTION RESUMEE	RESULTATS OBTENUS

APPRECIATION GLOBALE

INSUFFISANT | A AMELIORER | BONNE PERFORMANCE | SUPERIEUR | EXCEPTIONNEL

ELEMENTS DE L'EVALUATION	non évaluable	insuffisant	à améliorer	bonne performance	supérieur	exceptionnel	COMMENTAIRES
CONNAISSANCES PROFESSIONNELLES							
- connaissances requises par le poste	☐	☐	☐	☐	☐	☐	
- connaissance de l'organisation et des règles de l'entreprise	☐	☐	☐	☐	☐	☐	
APTITUDES PROFESSIONNELLES							
- qualité du travail réalisé	☐	☐	☐	☐	☐	☐	
- productivité	☐	☐	☐	☐	☐	☐	
- faculté d'adaptation à l'évolution de sa spécialité	☐	☐	☐	☐	☐	☐	
- respect des consignes de travail, règles et procédures	☐	☐	☐	☐	☐	☐	
COMPORTEMENT DANS LE TRAVAIL							
- implication	☐	☐	☐	☐	☐	☐	
- sens du travail en équipe	☐	☐	☐	☐	☐	☐	
- qualité de collaboration avec la hiérarchie	☐	☐	☐	☐	☐	☐	
- adaptabilité	☐	☐	☐	☐	☐	☐	
- sens de la communication	☐	☐	☐	☐	☐	☐	
- sens des responsabilités	☐	☐	☐	☐	☐	☐	
- esprit d'initiative, capacité à entreprendre	☐	☐	☐	☐	☐	☐	
- organisation et méthode	☐	☐	☐	☐	☐	☐	
- créativité, imagination	☐	☐	☐	☐	☐	☐	
- énergie et persévérance dans le travail	☐	☐	☐	☐	☐	☐	
- autonomie	☐	☐	☐	☐	☐	☐	
ACTIVITE D'ENCADREMENT							
- animation et motivation de l'équipe	☐	☐	☐	☐	☐	☐	
- délégation et suivi	☐	☐	☐	☐	☐	☐	
- capacité à évaluer	☐	☐	☐	☐	☐	☐	
- formation et développement des collaborateurs	☐	☐	☐	☐	☐	☐	
- écoute et dialogue	☐	☐	☐	☐	☐	☐	
- information de l'équipe	☐	☐	☐	☐	☐	☐	
- capacité d'arbitrage	☐	☐	☐	☐	☐	☐	
- productivité des groupes Défi ou des groupes de travail	☐	☐	☐	☐	☐	☐	

APPRECIATION DE SYNTHESE

INSUFFISANT	A AMELIORER	BONNE PERFORMANCE	SUPERIEUR	EXCEPTIONNEL

COMMENTAIRES

PROPOSITION D'OBJECTIFS POUR LES 12 MOIS A VENIR

IMPORTANCE EN %

100 %

COMMENTAIRES DU COLLABORATEUR SUITE A L'ENTRETIEN

NOM
Signature
du responsable hiérarchique
direct (N + 1)

Signature du titulaire
du poste

NOM
Signature du responsable
hiérarchique (N + 2)

Les supports présentés ici ne sont pas forcément applicables tels quels dans toutes les entreprises, tout dépend de la culture interne de chacune et des buts précis que l'on assigne à l'entretien individuel. L'exemple de documents que nous décrivons ne constitue d'ailleurs qu'un élément d'un ensemble composé aussi d'un entretien de «vie professionnelle» centré sur le fonctionnement du collaborateur dans son poste actuel, l'évolution professionnelle éventuelle et les questions de formation (nous détaillerons cet aspect dans le chapitre suivant).

Indiquons maintenant la chronologie des entretiens dans le contexte dont nous parlons :

- l'entretien d'appréciation des performances se déroule fin novembre - début décembre ;
- l'entretien de vie professionnelle fin mai - début juin ;
- les décisions relatives aux rémunérations sont prises mi-janvier (chaque collaborateur est informé de la décision le concernant par son responsable direct, cette décision résultant d'une discussion entre le responsable direct (n + 1) qui propose, n + 2, le responsable du personnel (s'il existe) et/ou la Direction Générale). Chaque salarié qui le demande peut naturellement avoir un entretien avec n + 1 à ce sujet.

Les commentaires que peut apporter le collaborateur à la rubrique prévue à cet effet dans le compte-rendu d'entretien, lui donnent la possibilité d'une rencontre avec n + 2. Dans toute pyramide hiérarchique, le recours à la hiérarchie supérieure a sa logique ; une entrevue avec le responsable des ressources humaines, fonctionnel, peut parfois représenter une alternative. Quoi qu'il en soit, cette procédure doit faire partie du système admis par tous dès la mise en vigueur des entretiens.

La structure et le contenu de l'entretien peuvent se présenter ainsi :

- L'accueil par n + 1 doit être ouvert, calme, afin de créer un bon climat ; les premières paroles, les premières mimiques, présentent en effet une importance capitale pour l'ensemble de l'entretien.
  Le responsable peut rappeler brièvement les objectifs de l'entretien (améliorer le fonctionnement en concertation), proposer un plan et une durée (1 à 2 heures selon les cas).
- Le plan de l'entretien peut comporter les phases suivantes :
  - le collaborateur fait lui-même le bilan de son année, guidé par le document de référence qui lui a été remis une quinzaine de jours avant la rencontre ; pendant ce temps, n + 1 écoute, prend des notes et n'intervient que rarement, seulement pour faire préciser un point ou réaliser une synthèse au fur et à mesure des thèmes essentiels abordés ;
  - se référant aux normes connues et acceptées, prenant appui sur le bilan établi par le collaborateur, n + 1 fait d'abord ressortir les points positifs puis les points à améliorer (cet ordre n'est pas obligatoire, chaque responsable établit sa stratégie en fonction de l'efficacité maximum constatée au niveau individuel. Le responsable recherche l'accord de son interlocuteur sur les différentes appréciations portées.

- les points à améliorer font l'objet d'une réflexion commune dans le but d'y apporter une solution ;
- Les objectifs pour les 12 mois à venir sont fixés en concertation, à partir de la liste préparée par le collaborateur lui-même et dans le cadre du plan d'entreprise décliné au niveau du service (les objectifs généraux, ou plan de l'entreprise, doivent naturellement être connus par tous ; les objectifs du service ont préalablement été fixés lors de l'entretien entre n + 1 et n + 2) ;
- Le compte-rendu d'entretien est établi.

Il peut naturellement surgir un conflit provoqué par le collaborateur au cours de l'entretien (l'hypothèse d'un conflit dont le responsable est à l'origine s'avère illogique). Ce conflit a pour cause un désaccord sur des valeurs, des faits ou leur interprétation, des méthodes,... et il convient de le stopper au plus vite, le rôle du responsable étant une fois de plus orienté vers la recherche d'une solution et non d'un coupable. La démarche de n + 1 visera à cerner précidément les raisons du différend sans mettre directement en cause la personne même de son interlocuteur : le collaborateur est invité à préciser les motifs de fond des critiques qu'il exprime et les solutions qu'il envisage sur la base d'intérêts mutuels. N + 1 doit apparaître calme, soucieux d'arriver à une issue satisfaisante pour les deux partenaires et l'entreprise ; cela n'exclut pas une certaine fermeté et un sens des responsabilités fort. A défaut de propositions de solutions du collaborateur, n + 1 en fera qui seront potentiellement acceptables et permettront un fonctionnement normal de l'organisation.

Nous considérons l'intérêt de l'entretien d'appréciation comme essentiel pour les parties en présence ; il nous paraît même très étonnant de constater encore aujourd'hui chez certains, quel que soit leur rôle dans l'entreprise, une forme de refus du dialogue, de l'état Adulte sans lequel on ne peut qu'avoir du mal à préparer l'avenir. Les P.M.E. ne doivent pas écarter la mise en place d'un système d'entretien individuel ; certaines d'entre elles le perçoivent parfois comme superflu, voire complètement inutile ; cette pratique est au contraire très riche d'apports réciproques et contribue beaucoup à améliorer le fonctionnement, nous l'avons constaté chaque fois que sa mise en place n'avait pas été qu'une astuce, qu'un «jeu» finalement sans gagnant, bien au contraire.

CHAPITRE 9

La formation continue des collaborateurs

Comment déléguer, responsabiliser, bref faire confiance à des hommes pour œuvrer et obtenir des résultats s'il leur manque le fondement même qui peut permettre cela, une formation suffisante ? Evidemment cela est impossible et nous avons vu, dans le chapitre précédent, l'importance capitale de ce facteur.

L'enquête réalisée en 1993 par l'institut IMAGORA laisse pourtant apparaître que les managés jugent sévèrement leurs responsables sur ce plan ; avec un indice de 5,8 sur 10, l'encouragement des collaborateurs à se former se situe à l'avant-dernière place dans la liste des six questions posées.

Que peut donc faire un animateur pour assurer au maximum et en continu la compétence des salariés de son équipe ?

Nous l'avons noté dans le chapitre qui précède, un **entretien de vie professionnelle** centré sur le fonctionnement du collaborateur dans son poste actuel, l'évolution professionnelle éventuelle et les questions de formation, est à organiser une fois par an, fin mai - début juin. Il est clair que pour être en mesure de traiter convenablement cet entretien, exactement comme dans le cas de l'entretien d'appréciation des performances, n + 1 (le responsable hiérarchique direct) doit disposer d'éléments pertinents relatifs à la façon dont sont tenus les postes qui lui sont rattachés ; un minimum d'informations sur les décisions économiques et techniques envisagées à court et moyen terme par l'entreprise, avec les conséquences prévisibles (quantitatives et qualitatives) au niveau de l'unité qu'il encadre, doit également être à la disposition de n + 1.

L'entretien de vie professionnelle, six mois après celui concernant l'appréciation des performances, doit bien entendu être très sérieusement préparé par chacun des deux interlocuteurs. Les informations suivantes peuvent être fournies au collaborateur une quinzaine de jours avant la rencontre :

"Qu'est-ce qu'un entretien de vie professionnelle ?

Cet entretien permet de discuter et de faire le point avec votre supérieur hiérarchique sur votre poste actuel mais aussi sur l'évolution professionnelle que vous pouvez envisager.

- Vous allez tout d'abord étudier avec lui les raisons qui font que vous fonctionnez bien dans votre poste actuel. Vous envisagerez ensemble également les moyens à mettre en œuvre afin d'être plus performant.

- Ensuite, vous analyserez en quoi vos qualités personnelles et professionnelles peuvent vous permettre de progresser.

Vous pouvez progresser dans votre poste mais peut-être aussi vers d'autres fonctions dans la mesure où la société peut vous proposer un poste adapté (vous en discuterez avec votre responsable).

- Puisque la formation professionnelle est un des moyens pour être plus performant dans son poste ou pour progresser vers d'autres fonctions, cet entretien permettra également d'élaborer le plan de formation des 3 années à venir. C'est donc aussi le moment de parler de formation.

Cet entretien ne sert pas à vous juger, mais à trouver toutes les solutions vous permettant de mieux réussir votre vie professionnelle actuelle et future. Le bénéfice que chacun en tirera sera source de progrès permanent.

Comment préparer cet entretien ?

- Repérez vos principales réussites professionnelles : quels sont les succès qui vous permettent maintenant d'apprendre d'autres choses, de participer à d'autres activités, de progresser vers d'autres fonctions ?

- Recherchez les tâches où vous rencontrez plus de difficultés et essayer de proposer des solutions :

- amélioration des conditions matérielles,
- modification de certaines tâches,
- proposition d'une action de formation.

- Réfléchissez à l'évolution professionnelle qui conviendrait le plus à vos goûts, tout en étant réaliste : une entreprise ne peut pas faire progresser tout le monde en même temps et a aussi besoin d'une certaine stabilité dans ses postes.

A la fin de l'entretien votre supérieur hiérarchique complétera un compte rendu, une partie de ce compte rendu est réservée à vos propres remarques. Vous co-signerez ce document.

Sur ce compte rendu figureront les propositions faites en matière de formation. Ces propositions devront être validées ensuite. Votre supérieur hiérarchique vous tiendra ultérieurement informé des actions qui ont été retenues.

Vous avez préparé votre entretien, votre supérieur hiérarchique également.

Vous allez pouvoir agir l'un et l'autre en professionnels, soucieux de progresser et faire progresser votre entreprise".

Le document "compte-rendu" est remis au responsable hiérarchique au même moment ; un exemple figure dans les pages suivantes.

COMPTE RENDU
DE
L'ENTRETIEN
DE VIE PROFESSIONNELLE

Pour compléter ce document, se référer ci-après

Vous venez d'avoir avec votre collaborateur un entretien qui vous a permis de faire le point avec lui sur ses missions permanentes et ponctuelles ainsi que sur son avenir .

Ce document que vous allez compléter formalisera pour chacun des partenaires :

- Le supérieur hiérarchique
- Le collaborateur concerné
- La D.R.H. et/ou la D.G.,

les éléments abordés au cours de l'entretien :

I - POSTE ACTUEL

1. Quelles sont les missions bien maîtrisées ?
   Les repérer, c'est repérer en quoi votre collaborateur a amélioré ses performances, mais peut-être aussi ce qui va lui permettre de progresser vers de nouvelles activités. Ceci vous permettra de compléter la partie "évolution professionnelle".

2. Quelles sont les principales difficultés rencontrées, quelles solutions est-il possible d'y apporter ?
   Analyser les difficultés peut permettre de proposer des solutions :
   - Réajustement de certains objectifs.
   - Amélioration des conditions matérielles.
   - Enrichissement du contenu du poste, etc.

   Indiquez-les, et si la formation est une des solutions envisagées, complétez le paragraphe 1.3.

3. Formation

Justifier très précisément l'objectif de la formation par rapport aux objectifs du poste actuel. Si vous souhaitez un stage précis, indiquez-le, sinon la D.R.H. (ou la D.G.) vous proposera un choix de stages adaptés. Indiquez l'année où l'action doit se dérouler.

II - EVOLUTION PROFESSIONNELLE

1. Précisez le pourquoi de la proposition, ainsi que le type d'évolution proposée.

2. Formation: compléter comme 1.3.

III- COMMENTAIRES DU COLLABORATEUR SUITE A L'ENTRETIEN

Après avoir complété le document, remettez-le à votre collaborateur et laissez lui le temps nécessaire (environ 48 h) pour formuler son avis puis signer.

DATE NOM PRENOM

POSTE ACTUEL

- Quelles sont les missions bien maîtrisées ?

Quelles sont les principales difficultés rencontrées ?

Quelles solutions est-il possible d'y apporter ?

Si la FORMATION peut permettre une meilleure performance dans le poste, justifiez les actions proposées

Actions proposées :	**ANNEE**	**ORGANISME** (si déjà sélectionné)

EVOLUTION PROFESSIONNELLE

S'il est prévu une évolution professionnelle, précisez

Si la FORMATION peut accompagner cette évolution, justifiez les actions proposées

Actions proposées :	**ANNEE**	**ORGANISME** (si déjà sélectionné)

COMMENTAIRES DU COLLABORATEUR SUITE A L'ENTRETIEN

NOM ET SIGNATURE DU COLLABORATEUR

NOM ET SIGNATURE DU RESPONSABLE HIERARCHIQUE

1 EX. A RETOURNER A LA DRH ET/OU LA DG + 1 EX. A REMETTRE AU COLLABORATEUR + 1 EX. A CONSERVER.

Naturellement le plan de formation de l'entreprise ne retient pas forcément toutes les demandes exprimées, quel qu'en soit l'auteur (collaborateur ou responsable hiérarchique) ; une opération de consolidation est réalisée et des choix peuvent intervenir.

Le fait de prévoir à 3 ans permet d'avoir une vision à suffisamment long terme pour prendre des décisions justifiées ; cela ne semble pas toujours facile à effectuer ce qui, selon nous, en rend l'exigence encore plus grande (ce n'est pas quand les difficultés paraissent importantes que l'entreprise peut fonctionner au gré des événements, sans chercher à les prévoir pour mieux les maîtriser).

Pour ce qui a trait aux **modalités pratiques de réalisation des actions de formation**, le tableau noté sur la page qui suit en présente les différentes possibilités avec, pour chacune, les critères principaux à considérer.

AVANTAGES ET INCONVENIENTS DES TROIS FORMULES

CRITERE	FORMATION INTER-ENTREPRISES	FORMATION INTRA	FORMATION INTERNE
Réponse aux besoins de l'entreprise	Ouverture sur l'extérieur : confrontation et partage d'expériences, d'idées, de pratiques diverses.	Travail centré sur les problèmes spécifiques à l'entreprise	Développe un sentiment d'appartenance à l'entreprise
Vie du groupe	Favorise la communication entre participants et la relation entre participants et animateur	L'animateur, extérieur à l'entreprise, peut réguler le groupe	Risque de mettre en évidence des conflits entre individus ou entre services
Nombre de personnes à former	Le minimum : une personne suffit	Au moins 4 ou 5 stagiaires sur un thème	
Coût	Relativement élevé par stagiaire	Intéressant à partir d'un certain nombre de stagiaires	L'action doit être répétitive pour être rentable (ne pas oublier le temps de préparation nécesaire du formateur)
Animation	Meilleure garantie de qualité la plupart du temps (sous réserve d'un choix réfléchi de l'animateur)		Risque de manque de professionnalisme (cas d'action insuffisamment répétitives dans l'entreprise notamment)

La formation inter-entreprises regroupe des salariés en provenance d'entreprises distinctes ; elle est organisée par un organisme extérieur public, para-public ou privé. De très nombreux organismes existent, la qualité des formations est diverse et le coût peut varier dans le rapport de 1 à 3 pour un même thème (entre 1000 et 3000 F par jour et par participant, en 1994, au niveau "cadres" par exemple). L'entreprise cliente se renseignera sur les objectifs et le contenu d'un stage proposé et aussi - ce qui est souvent moins pratiqué - sur les qualités du formateur (diplômes/expérience de l'entreprise/expérience pédagogique), ainsi que sur les moyens pédagogiques utilisés (cours/études de cas/simulations,...).

La formation intra est celle dans laquelle le formateur n'appartient pas à l'entreprise (comme pour ci-dessus) mais elle concerne un groupe de salariés d'une même société. Objectifs, contenu et moyens du stage doivent répondre à un besoin spécifique analysé au préalable.

La formation interne est assurée par une personne de l'entreprise pour des personnes de la même entreprise. Il s'agit d'un spécialiste du thème à traiter (cadre, agent de maîtrise, la plupart du temps), formé au métier de formateur.

Au terme d'une formation, il est important de procéder à **l'évaluation**. Cette évaluation présente des intérêts divers : connaître la qualité de l'action par rapport à l'attente de départ, cerner les retombées opérationnelles mesurables pour l'entreprise (la notion de formation-investissement se trouve ici), permettre au salarié-stagiaire de s'exprimer et de proposer des améliorations dans ses pratiques ou méthodes de travail, voire dans celles de son environnement (la notion de motivation apparaît là). Un entretien entre la personne qui a suivi un stage et son responsable hiérarchique dans les huit à quinze jours après la fin de l'action semble une bonne formule ; le responsable du personnel ou/et la D.G. participeront également à l'évaluation dont une trace écrite restera. Les cinq points essentiels à mettre à jour lors de l'évaluation portent sur :

- les objectifs visés lors de l'inscription au stage (rappel) ;
- les objectifs ateints au terme de la formation ;
- les améliorations proposées par le salarié-stagiaire ;
- les améliorations acceptées par le(s) responsable(s) ;
- la date à laquelle on fera le point des nouvelles mesures mises en œuvre.

Ainsi conçue, la formation professionnelle continue représente un atout considérable au service de l'entreprise et de ses salariés ; elle passe d'un stade d'illusion à celui visé par ses initiateurs depuis plus de 20 ans, à savoir un enjeu stratégique.

CHAPITRE 10

Bien gérer son temps

L'ensemble du personnel d'encadrement et plus spécialement les divers responsables au sein des petites et moyennes entreprises (P.M.E.) font souvent état des difficultés rencontrées dans le domaine de la gestion de leur temps. Dans un précédent ouvrage (1), nous notions déjà :

«Il est très difficile à un chef d'entreprise, de taille moyenne ou petite, de mettre en œuvre ne serait-ce qu'un minimum d'outils de gestion dynamique du personnel. **Manquant de temps** du fait de ses nombreuses fonctions, il privilégie généralement d'autres tâches (production - vente - finance) qu'il perçoit comme étant incontournables et urgentes».

Ce problème du manque de temps des cadres pour assurer les fonctions qui leur sont confiées, constitue un handicap grave ; en effet, comment imaginer quelqu'un qui est forcément nerveux, stressé, débordé d'activités, à

---

(1) REGNAULT G., *"Motiver le personnel dans les P.M.E. - Approche pratique"*, Editions L'Harmattan, 1993.

un poste qui nécessite beaucoup de réflexion, des capacités d'analyse, une grande ouverture aux autres et qui, ne l'oublions surtout pas, doit être un entraîneur d'hommes et représenter une sorte de modèle, d'exemple, pour son équipe ? La question est d'autant plus importante qu'elle ne se limite pas aux P.M.E., différentes études attestant que les grandes entreprises sont également concernées (en moyenne, les cadres déclarent à près de 80 % qu'ils manquent de temps, toutes tailles d'entreprises confondues).

Gérer son temps est, pour soi-même comme pour ceux avec lesquels on travaille, un impératif. Les entreprises ne peuvent prétendre être organisées, à l'écoute de leur personnel et de leurs clients, sur la voie de la qualité totale, prêtes à faire front à toutes les concurrences possibles, alors que trois de leurs cadres sur quatre se trouvent à la limite du débordement quasi permanent et en réalité en état de surexcitation régulière et inquiétante ; elles ont à l'évidence intérêt à employer des responsables capables du minimum d'organisation afin d'éviter des décisions précipitées, des travaux expédiés sans soins parfois et une ambiance détestable que ressentent même les personnes extérieures. On ne peut sérieusement confier à des gens sollicités par trop de tâches à la fois les responsabilités qui engagent la vie de l'organisation à laquelle ils appartiennent ; employeurs et personnel d'encadrement doivent être fortement conscients de cela et prendre les dispositions nécessaires à un bon fonctionnement de l'organisation.

Sur la page suivante figure le schéma d'une méthodologie simple et pratique qui peut servir de base à une gestion de son temps de travail.

La description des fonctions

↓

Le compte-rendu du dernier entretien
d'appréciation des performances

↓

Le compte-rendu du dernier entretien
de vie professionnelle

↓

L'analyse de la gestion actuelle de son temps

↓

Le recentrage sur les objectifs définis
avec le responsable direct (n + 1)

↓

La hiérarchisation des activités
et l'organisation quotidienne du travail

La plupart des personnes, indépendamment du niveau des fonctions qu'elles occupent, perdent plus ou moins de vue ce qui, au contraire, devrait constituer leur préoccupation première, à savoir ce que l'organisation qui les emploie attend d'elles : des résultats les plus mesurables possibles. Beaucoup de responsables de niveau intermédiaire (cadres, agents de maîtrise et assimilés) parlent selon nous encore trop souvent de leur travail sur la base de ce qu'ils font ou ont l'intention de faire (tâches, activités) et non pour indiquer les objectifs qu'ils visent, ce vers quoi ils s'orientent délibérément, les missions à accomplir, les moyens utilisés, les résultats à atteindre dans un an, six mois...

L'animateur d'équipe, comme tout autre salarié d'ailleurs, ne doit jamais oublier la raison d'être de sa présence dans l'organisation : réaliser les objectifs fixés périodiquement en concertation avec n + 1 ; l'importance de chacun des objectifs arrêtés étant accompagnée d'un pourcentage dans le compte-rendu d'entretien d'appréciation que nous avons décrit dans le chapitre intitulé : «Savoir déléguer et responsabiliser», il importe de se concentrer toujours et d'abord sur l'essentiel. Précisons encore ici que le nombre des objectifs clés sont peu nombreux et formulés clairement par écrit, ce qui permet à la personne en charge de leur concrétisation de pouvoir les mémoriser et les comprendre facilement. L'action du personnel d'encadrement ne doit avoir qu'un but : l'atteinte des objectifs et il apparaît à ce propos que la référence numéro un à prendre en compte réside dans le compte-rendu d'entretien d'appréciation des performances établi en fin d'année pour les douze mois à venir ; le compte-rendu d'entretien de vie professionnelle rédigé six mois plus tard est également à considérer dans la mesure où, éventuellement, un réajustement d'objectifs peut y être noté. Bien entendu, le fondement même, la raison d'être de toutes les fonctions se trouvent dans une description évolutive qu'il est bon de relire et sur laquelle il convient de réfléchir régulièrement et en tous cas au moins deux fois par an, avant de rencontrer son supérieur hiérarchique direct pour un entretien que nous estimons capital, nous n'insisterons jamais assez sur ce point.

La phase importante consiste ensuite, à partir d'un inventaire de ses activités actuelles, d'analyser la gestion de son temps, d'en faire le diagnostic. Un relevé très scrupuleux à la fois des diverses activités quotidiennes sur trois ou quatre semaines et, pour chacune d'elles, du temps passé, permet une prise de conscience parfois surprenante du déséquilibre anormal qui peut exister entre ce qui devrait être (eu égard aux objectifs à réaliser) et la réalité. Le canevas de relevé suivant peut être utilisé :

Date :	
Horaires	**Activités réalisées**
8 h - 8 h 15 ou 8 h - 8 h 30........................	
8 h 15 - 8 h 30 ou 8 h 30 - 9 h.................	
⋮	
11 h 45 - 12 h	
⋮	
13 h 30 - 13 h 45	
13 h 45 - 14 h	
⋮	
17 h 15 - 17 h 30	

Un découpage des activités par tranches d'un quart d'heure, voire d'une demi-heure, paraît intéressant de manière à bien cerner ce qui est fait.

L'analyse qui doit suivre prend pour base le temps consacré à chaque catégorie importante d'activités : réunions, entretiens divers, étude de dossiers, courrier lu, expédié, téléphone, lectures,... et débouche assez généralement sur le constat de la nécessité de passer plus de temps sur des sujets essentiels pour la vie de l'organisation et moins pour ce qui concerne des occupations d'intérêt secondaire. Le constat dressé, il s'agit à présent de déceler les causes explicatives de la situation : causes externes dues aux autres ou à l'environnement et causes qui dépendent directement de soi (organisation personnelle, délégations, manque d'ordre, réunions,... à revoir) ; les causes externes apparaissent souvent du fait de l'inaptitude à dire non. Une meilleure gestion de son temps n'est possible qu'au terme d'une analyse réellement lucide des principales causes des pertes de temps. La participation inopportune mais souvent perçue comme valorisante, à de nombreuses réunions internes et externes, mal dont souffrent de nombreux cadres, constitue, à notre avis, un des motifs courants des difficultés (nous ne sommes évidemment pas hostiles aux réunions mais il y a lieu d'en apprécier l'importance en fonction du thème qui peut être plus ou moins intéressant compte tenu des fonctions occupées). Une insuffisance dans la délégation de certaines tâches à ses collaborateurs représente assez souvent aussi un handicap (nous avons exposé une démarche à ce propos dans le chapitre «Savoir déléguer et responsabiliser») ; sur ce plan, nous constatons qu'il est parfois difficile pour certains de changer de fonctions dans le cadre d'une promotion interne : combien de chefs d'équipe promus assument-ils leur nouveau rôle sans difficultés en se débarrassant de leurs anciennes tâches, par exemple ? Parfois mal préparés à leurs nouvelles fonctions d'encadrement, habitués depuis dix ou vingt ans à réaliser certains travaux, nombreux sont ceux qui nous ont confié avoir du mal à ne plus faire ce qu'ils aimaient tout en ne sachant pas très bien aborder des missions inédites pour eux (la préparation à de nouvelles fonctions demeure un problème fréquent). Un diagnostic aussi réaliste que possible de ses principales faiblesses en matière de gestion de son temps doit donc être établi avant de pouvoir se recentrer sur les priorités liées, notons-le encore une fois, aux objectifs convenus et fixés avec sa hiérarchie. La dérive dans les activités vient souvent du fait que l'activité quotidienne nous amène à traiter les questions au fur et à mesure qu'elles se présentent, sans mobilisation sur l'essentiel, sans classement par ordre d'importance. Pourquoi ne pas toujours placer en évidence, sur son bureau, la partie du compte-rendu d'entretien d'appréciation des performances intitulée «Proposition d'objectifs pour les 12 mois à venir» ? Nous sommes pour notre part convaincus que le regard de l'animateur d'équipe rencontrant forcément de nombreuses fois par jour ce document d'une demi-page, précis et clair, il lui vient rapidement à l'esprit la nécessité d'une hiérarchisation de ses activités (un numéro d'ordre est à indiquer pour chacune d'elles), à prévoir chaque jour pour le lendemain avec, naturellement en corollaire, l'organisation quotidienne du travail ; des plages réparties dans la journée (par exemple une le matin et une l'après-midi) afin de faire face à l'imprévisible doivent également faire partie du programme établi chaque soir pour le jour suivant. Le canevas de relevé journalier utilisé à l'occasion de l'inventaire de ses activités actuelles peut encore servir ici, le dernier quart d'heure ou la dernière demi-heure de chaque jour permettant d'une part de contrôler la bonne exécution des activités importantes et urgentes prévues la veille et la planification de celles pour le jour suivant.

C'est d'abord dans sa tête et dans sa manière d'être personnelle que se jouent la maîtrise du temps et la création de journées de qualité et efficaces à la fois.

Comme nous l'avons déjà indiqué, l'abus de participations à des réunions stériles constitue assez fréquemment un des problèmes importants dans la gestion du temps du personnel d'encadrement ; nous l'invitons donc avec insistance à respecter les principes qui suivent chaque fois qu'il a à organiser une rencontre avec d'autres.

AVANT LA RÉUNION

- Préciser au maximum les objectifs de la réunion ;
- Arrêter un ordre du jour précis ;
- Dresser la liste des participants ;
- Fixer la date, l'heure, le lieu et la durée prévue de la réunion (après avoir consulté les intéressés sur leur disponibilité) ;
- Adresser ou remettre une convocation reprenant les quatre points notés ci-dessus, en y joignant (si nécessaire) les documents à étudier avant la réunion.

PENDANT LA RÉUNION

- D'abord rappeler les objectifs visés par la réunion, l'ordre du jour et la durée prévue ;
- Ne pas se laisser déranger ;
- Donner la parole à chacun sans que quiconque la monopolise ;
- Réaliser une synthèse au fur et à mesure des questions traitées ;
- Décider (de préférence au terme d'un accord consensuel) des actions à mettre en œuvre, par qui et dans quel délai ;
- Etablir en commun le compte-rendu (chaque fois que cela paraît important).

APRES LA RÉUNION

- Diffuser le compte-rendu explicite de la réunion (qu'il ait été établi en commun ou pas) ;
- Suivre la réalisation des actions décidées et éventuellement envisager des opérations correctives (selon le cas, après discussion avec le responsable de la mise en œuvre d'une action et/ou l'organisation d'une nouvelle réunion plus globale).

Invité à une réunion, sauf bien entendu s'il s'agit d'une obligation, tout responsable prendra les quelques minutes préalables et nécessaires afin de se poser au minimum les questions suivantes avant de décider de sa participation ou non :

- Quels sont les objectifs de la réunion ?
- Recoupent-ils mes préoccupations concrètes du moment ?
- M'a-t-on remis un ordre du jour précis ?
- Les points y figurant sont-ils véritablement explicites ou au contraire apparaissent-ils évasifs ?
- Qui anime cette réunion ?
- Quels sont les participants ?
- Puis-je attendre des résultats réels et utiles pour moi et mon entreprise au terme d'une telle réunion ?
- La date, l'heure, le lieu et la durée prévus sont-ils compatibles avec le planning de mes activités ?

Dans la période que nous traversons et au cours de laquelle une majorité du personnel d'encadrement se déclare débordé par les occupations, il est clair que des choix s'imposent, en matière de réunions comme dans les autres domaines : la «réunionite» qui existe encore trop dans certains endroits est à bannir.

CHAPITRE 11

Etre motivé et motiver les autres

Il est tout à fait évident que l'animateur d'équipe doit avant tout être lui-même motivé pour naturellement remplir les fonctions qui lui sont confiées et, en même temps, mobiliser les salariés qu'il est chargé d'encadrer.

«La clé de la réussite passe par l'implication de la hiérarchie» déclare le chargé des relations sociales à la D.R.H. de Citroën, dans un article d'*Entreprise et Carrières* consacré au système des boîtes à idées, le 7 juin 1994 ; la remarque est intéressante et nous la partageons entièrement, car nous pensons que la motivation d'un groupe dépend d'abord de celui, véritable "capitaine", qui se trouve au cœur même de ceux (ses collaborateurs) qui, à quelques exceptions près, ressentent tous des besoins de stimulation, d'organisation et de reconnaissance. L'esprit de succès règne toujours dans les structures dirigées par des hommes, véritables artistes d'une certaine façon, capables d'influencer leur entourage en les amenant à partager des objectifs vers lesquels chacun s'oriente à son niveau. Autorité reconnue et acceptée, sachant adapter son style de management aux circonstances et aux hommes, l'entraîneur d'équipe d'aujourd'hui sait écouter les autres,

prendre en compte des avis particulièrement fondés et déléguer à ses collaborateurs chaque fois que la situation le permet. Intuitif, le responsable d'équipe l'est, tout comme il sait se montrer disponible et pédagogue à l'égard des salariés avec lesquels il travaille sur la base d'un respect mutuel qui ne laisse personne indifférent et fonde largement sa crédibilité. Ne fuyant pas ses responsabilités et n'essayant pas d'éviter son pouvoir de décision, le leader naturel possède aussi les compétences techniques et/ou l'expérience du terrain qui lui permettent d'affronter toutes sortes de problèmes qui ne manquent jamais de se trouver sur sa route. Tel SOCRATE, l'animateur aide ses collaborateurs à trouver leurs propres solutions tout en leur posant des questions chaque fois qu'il lui apparaît nécessaire d'épauler un membre de l'équipe.

Etre motivé par son travail tout en motivant également les autres exige que l'animateur d'équipe ait une vie globalement équilibrée ; sa santé physique et son équilibre psychique sont des facteurs capitaux pour réussir.

Rappelons ici la définition de la motivation que nous indiquions dans notre précédent ouvrage :

Est motivé celui qui, dans son milieu de travail :
- trouve un centre d'intérêt qui l'incite naturellement à agir et développer ses initiatives ;
- sait que ce milieu peut être valorisant pour lui, en lui permettant de progresser et de s'enrichir en compétence et expérience, utiles pour lui et les autres ;
- sait que ce milieu peut être gratifiant pour lui : il pourra être reconnu et apprécié par le corps social de sa hiérarchie (supérieure et subordonnée) et de ses pairs.

Il nous semble particulièrement important que le responsable d'équipe ait bien en mémoire cette définition et qu'en permanence il créé au maximum les conditions nécessaires pour que les personnes qui travaillent avec lui puissent se motiver elles-mêmes.

CONCLUSION

A une époque où il semble à la mode de prôner le partage des responsabilités et même du pouvoir, nous avons volontairement circonscrit les propos de notre ouvrage à des thèmes qui, certes sont déjà plus ou moins connus et parfois mis en pratique, spécialement au sein des grandes entreprises ; nous savons aussi, et cela explique notre choix, qu'il existe une très forte majorité d'organisations où par exemple l'entretien d'appréciation ne fonctionne pas encore (ou si mal) et à l'intérieur desquelles les responsables ne comprennent pas vraiment l'intérêt de la motivation des hommes, de leur formation permanente,... Sur la base de notre expérience, entre 60 et 70 % des salariés ne sont actuellement pas concernés par des méthodes qui pourtant font leurs preuves depuis dix ou quinze ans au moins. Bien sûr aujourd'hui chacun met en avant son souci de bien communiquer, sa préoccupation de progresser avec les autres, le respect qu'il a pour tout individu a priori mais en même temps, quelle incapacité fréquente dans le quotidien ! A l'heure où certains parlent des entreprises post-hiérarchiques, des organisations «aplaties», de la disparition des structures pyramidales, bref d'un mode de fonctionnement très en vogue dans le discours avant tout, nous constatons les difficultés à faire évoluer les choses, ne serait-ce que lentement et modestement dans beaucoup d'endroits. Le nombre d'échelons hiérarchiques s'oriente à la baisse dans les grands groupes où l'on passe parfois de six ou sept niveaux à cinq ou quatre ; les petites et moyennes entreprises (P.M.E.) sont généralement moins concernées par ce mouvement (pour l'instant, il est difficile d'aller en dessous de trois ou deux niveaux même avec cent salariés) et au bout du compte le personnel d'encadrement reste et restera vraisemblablement nombreux encore assez longtemps ; de la qualité de l'animation d'équipes dont est capable cette catégorie socio-professionnelle dépend, selon nous, une grande part de l'avenir des entreprises françaises placées de plus en plus en concurrence avec des firmes de tous les pays du monde. Favorables à des structures du type «groupes de projet» dont nous avons fait état en même temps que nous décrivions les fonctions, nous n'en oublions pas pour autant que l'essentiel des activités se passe encore à l'intérieur d'une structure que l'on peut qualifier d'assez traditionnelle ; il convient sans doute et d'abord de faire progresser le mode de vie de celle-là avant de prétendre «renverser la pyramide» comme l'expriment certains, cette notion nous paraissant d'ailleurs quelque peu exagérée pour le moment.

Notre ambition est que ce livre contribue à faire progresser sensiblement la pratique de plusieurs milliers de cadres, agents de maîtrise ou assimilés et que, dans peut-être cinq ou dix ans, il soit envisageable de rencontrer dans les organisations plus de responsables qu'actuellement... quitte à ce qu'il existe éventuellement moins de niveaux hiérarchiques.

Bon courage et bonne chance à tous !

BIBLIOGRAPHIE

ARCHIER G., SERIEYX H., *L'entreprise du 3ème type*, Seuil, 1984.

BERNE E., *Des jeux et des hommes*, Stock, 1966.

BERNE E., *Que dites-vous après avoir dit bonjour ?*, Tchou, 1977.

CROZIER M., FRIEDBERG E., *L'acteur et le système*, Seuil, 1977.

CROZIER M., *L'entreprise à l'écoute*, Inter Editions, 1989.

DUSAY J., *Egograms*, New York, Harper et Row, 1977.

ISHIKAWA K., *La gestion de la qualité, outils et applications pratiques*, Dunod, 1984.

LE SAGET M., *Le manager intuitif*, Dunod, 1992.

MINGOTAUD F., *La fonction d'encadrement*, Les Editions d'Organisation, 1993.

MINTZBERG H., *Le manager au quotidien*, Les Editions d'Organisation, 1984.

MONTEIL B., RYON P., ALEXANDRE G., *Cercles de qualité et de progrès*, Les Editions d'Organisation, 1986.

PERETTI J.-M., *Ressources Humaines*, Vuibert, 1994.

REGNAULT G., *Motiver le personnel dans les P.M.E.*, L'Harmattan, 1993.

SERVAN-SCHREIBER J.-L., *L'art du temps*, Fayard, 1983.

SIMONET J. ET R., *Le management d'une équipe*, Les Editions d'Organisation, 1987.

VERMOT-GAUD C., *Mobiliser pour gagner*, Editions Liaisons, 1993.

WEISS D. et Collaborateurs, *La fonction Ressources Humaines*, Les Editions d'Organisation, 1992.

TABLE DES MATIERES

INTRODUCTION 13

CHAPITRE 1 :
LE DÉSENCHANTEMENT ACTUEL DES SALARIÉS 19

CHAPITRE 2 :
ETHIQUE ET MANAGEMENT 23

CHAPITRE 3 :
LES DIVERSES MISSIONS DU PERSONNEL D'ENCADREMENT.............. 25

CHAPITRE 4 :
MIEUX SE CONNAITRE ET COMPRENDRE LES AUTRES 31

1 - Les trois personnages qui cohabitent en chacun de nous
2 - Le schéma de visualisation de sa personnalité

CHAPITRE 5 :
LES RELATIONS AVEC LES AUTRES 47

1 - Les besoins de stimulation
2 - Les signes de reconnaissance
3 - Les différents types de transactions possibles
4 - Les diverses façons de structurer son temps

CHAPITRE 6 :
LES APPRÉCIATIONS SUR SOI ET SUR LES AUTRES 75

CHAPITRE 7 :
L'EXPRESSION, L'ANALYSE ET LA RÉSOLUTION DE PROBLEMES **85**

CHAPITRE 8 :
SAVOIR DÉLÉGUER ET RESPONSABILISER **97**
1 - La description des fonctions
2 - Le choix du délégataire
3 - La négociation du contrat de délégation
4 - Le déroulement et le contrôle de l'action
5 - L'entretien individuel d'appréciation

CHAPITRE 9 :
LA FORMATION CONTINUE DES COLLABORATEURS **125**
1 - L'entretien de vie professionnelle
2 - Les modalités pratiques de réalisation des actions de formation
3 - L'évaluation de la formation

CHAPITRE 10 :
BIEN GÉRER SON TEMPS **137**

CHAPITRE 11 :
ETRE MOTIVÉ ET MOTIVER LES AUTRES **147**

CONCLUSION **151**

BIBLIOGRAPHIE **153**

Egalement auteur de :

«Motiver le personnel dans les P.M.E.
Approche pratique»
(Editions L'Harmattan, 1993),

Gérard REGNAULT

conseille particulièrement les Responsables des petites et moyennes entreprises (P.M.E.).

Il assure aussi des **formations**
et
l'animation de **conférences**
sur des sujets traitant :

. du **management des hommes**,
. de la **gestion des ressources humaines**,
. de la **motivation du personnel**.

Pour toute information,
lui écrire : 102, rue Chèvre 49000 Angers
ou téléphoner 41.47.35.33

www.ingramcontent.com/pod-product-compliance
Lightning Source LLC
LaVergne TN
LVHW010948051026
849532LV00003B/1174
* 9 7 8 2 7 3 8 4 2 9 4 5 2 *